U0069127

Hi! Story · Hi! Story · Hi! Story

Hi! Story

Hi! Story

王昭君

嗨！有趣的故事

唐晉

Hi! Story

【出版說明】

在文字出現以前，知識的傳遞方式主要就是語言，靠口耳相傳的方式記錄歷史與情感表達。人類的生活經歷、生命情感也依靠著「說故事」來「記錄」。是即人們口中常說的「傳說時代」。然而文字的出現讓「故事」不僅能夠分享，還能記錄，還能更好、更廣泛地保留、積累和傳承。

《史記》「紀傳體」這個體裁的出現，讓「信史」有了依託，讓「故事」有了新的準則：文詞精鍊，詞彙豐富，語言精切淺白；豐富的思想內容，不虛美、不隱惡。選擇人物一生中最有典型意義的事件，來突出人物的性格特徵，以對事件的細節描寫烘托人物的情感表現，用符合人物身份的語言，表現人物的神情態度、愛好取捨。生動、雋永而又情味盎然。

「故事」中的人物和事件，從來就是人類的「熱門話題」。她是茶餘飯後的趣味談資，是小說家的鮮活素材，是政治學、人類學、社會學等取之無盡、用之不竭的研究依據和事實佐證。

中國歷史上下五千年，人物眾多，事件繁複，神話傳說與歷史事實並存，正史與野史交錯互映，頭緒繁多，內容龐雜，可謂浩如煙海、精彩紛呈，展現了中華文化的源遠流長與博大精深。讓「故事」的題材取之不盡，用之不竭。而其深厚的文化底蘊如何呈現，怎樣傳承，使之重光，無疑成為《嗨！有趣的故事》出版的緣起與意趣。

《嗨！有趣的故事》秉持典籍史料所承載的歷史精神，力圖反映歷史的精彩與真實。深入淺出的文字使「故事」更為生動，更為循循善誘、發人深思。

《嗨！有趣的故事》以蘊含了或高亢激昂或哀婉悲痛的歷史現場，以對古往今來無數先賢英烈的思想、事蹟和他們事業成就的鮮活呈現，於協助讀者不斷豐富歷史視域和深度思考的同時，不斷獲得人生啟迪和現實思考、並從中汲取力量，豐富精神世界，在實現自我人生價值和彰顯時代精神的大道上，毅勇精進，不斷提升。

#【導讀】

昭君出塞，發生在兩千多年前，指的是漢元帝時的宮女王昭君和親遠嫁匈奴一事。關於王昭君的歷史記載不多，除了和親出塞等少數史實，今天我們已不能確知她的大部份生平。根據史料的零星記載，大致可以勾畫出她的人生軌跡。王昭君，西漢南郡秭歸（今湖北興山）人。少時入宮，漢元帝竟寧元年（前三十三年）和親匈奴，嫁給呼韓邪單于。建始二年（前三十一年），呼韓邪去世，其子雕陶莫皋繼任為復株累若鞮單于，根據當時匈奴的習俗，王昭君又嫁給了繼任單于。王昭君和呼韓邪單于育有一子伊屠智牙師，後來死於匈奴內部的權力鬥爭。她和復株累若鞮單于育有兩個女兒，長女須卜居次云曾入漢宮陪侍太皇太后，後來須卜居次云與其丈夫須卜當做了很多與漢親善的事。

匈奴是一個非常強悍的民族，歷史也相當悠久。隨著中原各個王朝的不斷強大，匈奴被迫向西向北遷移，他們是亞洲民族向西方遷徙的先驅，特別是五世紀出征歐洲大陸，引發了歐洲一系列的震盪，甚至加快了西羅馬帝國的滅亡。

劉邦在位時，與匈奴有過一戰，差一點兒被俘虜，史稱「白登之圍」。後來靠著大臣的計策賄賂匈奴閼氏，劉邦才得以逃脫。從此漢朝開啟了對匈奴的和親政策，即將漢家女（公主或宗室、宮女等）嫁給匈奴單于，以示親好。如此，換來短暫的和平，以發展國力。

漢宣帝時，匈奴發生內亂，力量削弱，漢朝扶持親漢的呼韓邪單于統一了匈奴各部，邊境穩定。在此基礎上，王昭君的和親無疑促進了漢匈關係的進一步穩定發展，帶來了長達幾十年的百姓安居樂業、邊境和平的局面。同時，她的和親出塞，也帶去了漢族的生產技藝及文化器物，促進了漢匈之間的文化交流。

王昭君逝世後，為了紀念她，許多地方都建有她的陵墓，一般認為，位於今天呼和浩特郊區大黑河南岸的青塚，可能是她的安葬之處。

目錄

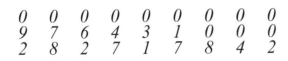

驚夢

正月的漢宮裏，蓌（一種茅草）席的一角泛起了清亮，室內有了黯淡的光線，四圍花椒的香氣也散發出來。多麼熟悉的香氣，還是婕妤身體裏透出來的那個味道。入冬之前，婕妤將蓌席送給了昭君——這是用吳地的蓌草編織的暖席，躺在上面，可以找到南郡家鄉的感覺——這一束席子彷彿被漆過，細軟香柔，就像婕妤舞蹈時展露的肢體。婕妤被逼自縊的那一夜，風颼得猛烈，就像有千萬條絞索在復道上空飛舞。更多的哭聲從未央宮北面的暴室傳來，失眠的宮人們坐在角落裏，瑟瑟發抖。昭君知道自己墜入了一個冰封的時空，花兒昨天還在笑，今夜就被摧折，尤為悲哀的是不知花兒為何笑，更不知因何獲罪。晨昏交替，春秋移易，星辰漫天，恆無變化，銅鏡內的容顏卻經久多變。

待詔啊待詔，未來將是怎樣的一幅場景？

昭君很快夢到了洪水。

好像是江水，又好像是沔水，又像是香溪，大水如此透亮、清涼，從高處帶著她迅疾跌落。兩岸崖壁一塊一塊地崩塌，好多翠綠的竹子掉入水中，尖尖的葉子朝天聳立，變成無數隻祭拜祈求的手掌。她遠遠地看見了父親。父親穿戴整齊，站在人群中間向她揮手；這一瞬間她彷彿坐在船上。船劇烈搖晃，她緊緊靠著桅杆。母親卻一直未出現。她感到口渴，俯下身子去撈水喝，面前卻浮現出一個大大的月亮。月亮映在水面的波紋被推遠，猶如巨大的漩渦一樣將她吸了進去。她眼前一片黑暗，在黑暗中感覺自己旋轉不停，又像在魚兒的隊列中緩緩散開。她張開眼睛，發現置身於一個碩大的葫蘆中，身邊有男子的氣息。然而僅僅是氣息罷了，葫蘆空裏流光，一個人被拋上拋下，如同被頑皮孩子搖響的種子。

她聽到一種聲音，應該是祖母的喘息。祖母說：「蒹葭茅草，秋魚牡鹿，都是上天的意旨啊，一輩一輩都是這樣。」聲音又變成母親：「君兒啊，轉眼你快到十八歲了，怎能還不生育？」她想擁抱母親。她的臉頰上似乎有淚。葫蘆又變成旋風，她的腳下是重重樓閣，連綿無盡。黑暗中有一隻大手伸出，猛地攥緊了她的腰……

冥冥中彷彿看見婕妤在舞蹈。婕妤說：「昭君，來為我彈琵琶。」她手持琵琶，抬頭卻找不見婕妤的身影。左顧右盼中，琵琶在手心裏變成了兩個大碗，盛滿了飯。她說：「父親，母親，君兒就要離開了，親手做飯也只有這一次了……」她端著碗，倚靠著門扉，眼前空無一人。這時，有人問她：「你是叫君兒嗎？」她便看到自己又回到了船上，身側依舊是桅杆。問話的人是她認識的一位小吏，與父親有私交。他在木板上寫著字，一邊又說：「昭君，昭君，你難道沒有名嗎？南郡遍地都是君，這君那君的，皇上哪裏記得過來，又哪裏分得清楚？」她記得自己反駁他：「南郡楚地，世人都敬雲中君、高陽君，昭君生來所予小字又豈是為他人所備？」

她看到他驚異的樣子，她知道這隻船還未開始北上。雄闊的楚天從遙遠的地方一直鋪壓過來，閃爍著五彩顏色。她掩口笑那個人，他一邊嘟囔著小丫頭伶牙俐齒，入宮肯定少不了受罪，一邊濡著毛筆，琢磨著給她起個名。他說：「正好我看見了桅杆，你就叫檣吧。」她搖著頭。「虧你能想出來，我一個女孩兒叫個桅杆！不如，改了一邊兒，就叫嬙好了。」現在他開始搖頭了：「這個我不敢寫，這種僭越的事兒豈能做？」她嘻嘻笑著講：「這你就不曉得了，宋玉當年寫〈神女賦〉，裏面就有『毛嬙鄣袂，不足程式；西施掩面，比之無色』的句子，神女之美以之相喻稍嫌勉強，我等用之恰如其份……」

昭君笑著醒來，很快眉頭重新蹙緊。室內明顯地亮了，外面有了灑掃的響動。這個夢已經三四年了，掖庭一如初來。她有些奇怪，為何再不能夢見母親的臉？即使是靜想，也愈來愈艱難——她和他們輕易就被宮牆隱去了，所有的親人都已遠離，就像落入兩個不同的世界，過著迥異的生活，彼此遺忘，直至血冷。故鄉的此刻，江水初漲，葉子又要綠了，而長安是什麼樣子，只是宮牆的樣子。

那麼，皇帝是什麼樣子？

昭君的夢中也沒有出現過皇帝。她的夢依然停留在故鄉的風物中，每一場夢境都遼廣無垠，不忍醒來。

接著，她夢到了圮毀不堪的楚王台，就在洪水拱著的最高處；有一陣子她認為夢到的是神女峰。她甚至夢到遠古的黃帝，氣勢洶洶地驅趕他的兒子昌意到蜀地放羊。然後，昌意娶了一位女子，生下了高陽。洪水沖走了高陽，水中豬婆龍馱著他飛掠峨眉大山、瞿塘高峽，來到楚地。她夢到豬婆龍給高陽餵鹿奶，一瞬間她覺得是自己在抱著孩子哺乳，羞怯怯的，斜拿著飲酒用的耳杯，看不見他的臉。她把著孩子的手教他寫字，又像是父親在教自己——「帝高陽之苗裔兮，朕皇考曰伯庸。……朝飲木蘭之墜露兮，夕餐秋菊之落英」——宮裏沒有木蘭，也見不到秋菊。這裏的菊花小小的，貼著地生長，沒有那種鳳凰尾巴似的花瓣。她無聊的時候會採摘一些，浸在水中，看花綠慢慢溢出。當一些小蟲子的屍體也浮出來，她便不復採摘。

她夢到孩子遠遠地站著，投下巨大的影子。那影子又像一個碩大的足印，她聽說，踩上去就會懷孕。孩子非常強壯，英武無敵，消滅了無數的狼蟲虎豹。她夢到背井離鄉的山鬼徹夜痛哭。後來，她目送孩子騰空而起，騎著白馬在天空飛躍，成群的匈奴人如同草一般倒伏不起……

匈奴！昭君迷迷糊糊醒轉，突然想到婕妤時常提起的匈奴。這樣漫長的黎明，籠罩著長安，籠罩著故土，也籠罩著匈奴。他們也是女媧娘娘所造，他們的天也是五彩石所補。昭君的手探向胸口，那裏掛著一塊五彩玉玦，是離開家鄉時母親給她的。她輕歎一聲。就像人的命運，上天給匈奴以肥美水草，給大漢則是高牆華城。草盡了枯了，他便來燒你高牆，搶你華城。婕妤不就是這高牆華城的縮影嗎？皇帝一旦有了厭惡之心，後果哪堪想像啊！

在昭君的心裏，婕妤的確是一個完美之人，善良、熱情、溫柔，話語不多，從不撥弄是非。婕妤有一個心願，只是沒有機會實現。昭君回憶婕妤給自己講起馮嫽的事蹟，臉上泛著異樣的神采——高祖白登之辱後，和親就成了大漢的一種外交手段。記不清嫁出去多少公主，也記不清隨公主出去了多少妙齡宮人，只記住一個人，那就是解憂公主的侍女馮嫽。一位奇女子啊，曾經手執漢使之節巡慰安撫西域諸國，解決了很多令皇帝棘手的問題。隨年老的解憂公主歸漢後，烏孫生亂，馮嫽自請出使，又一次進入西域，遊說各方，消弭干戈，為漢室增添榮耀。昭君記得婕妤感慨萬分道：「女子做到馮嫽這樣，此生足矣！」

昭君多次想讓婕妤入夢。她為婕妤感到遺憾。

早晨的涼意陣陣襲來，隱約有鼓樂聲響起。昭君渴望再度沉入夢境，她如此迫切地想與婕妤在夢中再會。然而室門被猛地推開了，冷風即刻灌注了她的頭髮。

「捷報捷報！」一個小宮女探頭大喊。「前方斬了郅支單于！」

昭君一時覺得恍惚。郅支單于？匈奴？剛夢見匈奴之事，便來了匈奴的消息。斬了單于，是不是就不再與匈奴交戰了呢？

庭中傳來洪亮男音：「上有詔，將郅支單于首級懸於槁街蠻夷邸間。敬告祖先，赦天下。」

昭君一邊起身，一邊想著：看來真的是大事。把單于的頭顱掛在外邦駐長安的館舍前，不管是彰顯武功，還是作為警示，反正都血淋淋的。她不禁打了個寒顫，也無心認真梳洗，對鏡看看，便出門而去。

沿著最早被稱作永巷的通道，盡頭張掛著幾方木板。右邊第一方是皇帝的詔書：「匈奴郅支單于背棄禮義，殺了朕的使者、吏士，先前之所以不征討，是考慮到興師動眾，勞民傷財，所以隱忍未動。如今甘延壽、陳湯兩位將軍趁匈奴內亂之機，發兵征討，有賴於天地宗廟靈佑，誅殺了郅支單于，取其首級，除了朕的禍患，立下了大功。」

接著，昭君漸漸瞭解了事情的來由，並第一次看到呼韓邪單于這個名字。在她看來，起因就是匈奴內亂，呼韓邪單于內附大漢稱臣，郅支單于不滿大漢擁立呼韓邪單于，為擴大領地，破烏孫，吞併烏揭、堅昆、丁令等國，並殺漢使，怒殺康居王之女及貴人、百姓數百人，背棄禮義，成為大漢的大患。西域都護騎都尉甘延壽、副校尉陳湯遂發兵討伐，經過艱辛的戰鬥，大敗郅支單于，斬殺單于、閼氏、太子等人，俘獲千餘人。

第二塊木板上畫著一幅地圖，大致是郅支單于所在地的山川地形。昭君聞所未聞。她發覺匈奴之地竟然如此之大，而西域領土更是遼廣無比。她盯著地圖上長安那一個小點，神情黯然：自己一生就深埋在這個點下。

最末的木板上是一個人的畫像。這是一個男子，一眼看去絕非漢人。昭君細看下方的字樣，原來這位就是呼韓邪單于。他的頭上是一頂獸皮帽子，獸毛板結。他的眼睛細小狹長，卻閃著光亮。他的鼻子略扁，鼻廓很寬。嘴唇頗厚，夾在密密的鬍鬚中。昭君退後一步觀望，覺得這倒是一個相貌堂堂的首領。她注意到畫像一角有幾個小字：臣延壽。想必是畫師的名字。她覺得於畫像而言，「延壽」之詞倒是一個好兆頭。

請辭

又是正月。昭君並不知道，這一年皇帝會改元竟寧，而這竟然與自己有關。

這一天早晨，掖庭宮發生小小的騷動，原因是：匈奴呼韓邪單于向漢室請求和親，願作大漢的女婿。皇帝將此事交辦掖庭。

空中雲彩壓得很低，泛著烏漆的光。地面鋪著薄薄一層雪。昭君看到掖庭令帶著一個瘦小的中年男子往蕙草殿那邊行去，身後拖曳出一長串青色足印。陸續有哭泣的聲音從簷壁間傳來，那些細細的風通過推動牆基與地磚夾縫裏的新雪向前移動而留下行跡。

昭君坐在這裏已經很久，多虧了婕妤當年幫她縫製的暖絮護膝。這種原本在軍中使用的防護用具，由婕妤改造後，柔軟靈便，絲毫沒有臃腫之感。婕妤姓什麼，昭君從未問起。在並不密切的見面中，多數是偶遇。昭君覺得二人長相相近，好像有著某種無法言說的親近，婕妤像姊姊，又像遠方的母親。若是婕妤還在，就可以聽聽她的想法了。

昭君想。

昭君看到的那個中年男子正是畫師毛延壽。隨著掖庭令，他見到了幾位被選薦的宮女，準備為她們畫像，以供皇帝選定。畫師行色匆匆，經過昭君時稍稍行禮致意。昭君隨後站起身來。

「可以問畫師一句話嗎？」

男子致意時，昭君瞥見他腋下夾著的一疊木板。她立刻想起兩年前曾經看到過的畫像。

「待詔可問。」男子表現出恭敬的樣子。

「哦，畫師是在為和親一事辛苦嗎？」

男子不禁仔細打量起面前這位女子，心中略略有些驚詫：真是相貌不俗啊！做畫師這些年來，在後宮很少見到這般儀容標緻的人，尤其是臉的輪廓，堪比神女。眼睛，她的眼睛——大且深，而又透澈。

男子意識到有些失禮。「回待詔，正是這樣。」

昭君的腦海中浮現出呼韓邪單于的畫像，還有那幾個小字。她念了出來。

「延壽。」

「正是在下。」毛延壽覺得不可思議，這位女子竟然知道自己。

「畫師可知那位呼韓邪單于的來歷？」

毛延壽有些肅然，後宮會有人關心匈奴單于，這是他想不到的。昭君見他遲疑的樣子，想要說罷了，卻又抿住嘴。

「待詔既然有興趣，延壽便約略講一講。匈奴五單于的事情，待詔可瞭解？」

昭君從毛延壽這裏聽到了複雜又混亂的一番內情：「自從有了匈奴，冒頓、老上、軍臣三代單于時期最為鼎盛。後來匈奴與大漢以及周邊諸國時有爭戰，內部紛爭也愈來愈激烈。加上近幾十年來匈奴境內天災不斷，大雪暴殺人畜，疫病橫行，可以說天亦絕之。二十多年前，匈奴五支勢力崛起，爭奪單于之位，其中便有呼韓邪。呼韓邪原本是應該繼位的，卻不得立。混戰一段時期後，呼韓邪佔據上風。後來又有兩支勢力加入，被大漢斬首的郅支單于便在其中。郅支與呼韓邪本是兄弟，郅支為兄。呼韓邪繼位單于後，郅支為左賢王。然而郅支很快自立為單于，引兵擊敗呼韓邪，入主單于王庭。呼韓邪一支被迫移往匈奴南部，靠近大漢。二十年前，他表示歸順我朝，並送兒子右賢王入侍大漢為人質。由此，郅支和呼韓邪暫時互守平衡，匈奴分化南北。」

昭君若有所思：難怪他請求和親呢。

毛延壽想了想，又說道：「如今郅支被滅，呼韓邪有齒寒之感，提出和親或有自保之心。」

「畫師，莫非說呼韓邪擔心大漢就此滅了匈奴？」

「記得五單于爭立時，朝中有大臣提出，趁匈奴內亂派兵滅之。先帝卻聽從老臣蕭望之的建議，遣使弔問，輔其微弱，救其災患，以德服之，對呼韓邪以禮相待，幫助他穩固權力。雖然時過境遷，呼韓邪倒也不會不記得。」毛延壽說。

好一個「輔其微弱，救其災患」，昭君忍不住心裏反覆品味。

毛延壽見女子痴呆呆的樣子，於是行禮致意，退身而去。

注定是一個不眠之夜。哭泣聲和風聲交織，更漏響得極快，蓘席的暖意讓昭君昏昏欲睡，腦中的思緒卻不停地奔湧。輔其微弱，救其災患——昭君喃喃自語——她想起毛延壽提到的匈奴雪災，雖然無法想像一場雪災是如何之大，牛羊的大面積倒斃又是怎樣一個場景，但她見過死亡。幼年時遭遇的洪水是她揮之不去的記憶，大水帶走了童年的玩伴，撈上來的是他們殘缺不堪的屍體。還有婕妤。恍惚間，她似乎夢見了婕妤對她說：「你不是想做馮嫽那樣的女子嗎？是時候了。你能幫助他安撫他的百姓，匈奴的繁榮安定不就是大漢的光耀嗎？」

昭君一下子醒過來。她試著回想曾經看到的畫像上的那張臉，那一雙細小狹長的眼睛。這是個虛弱的男人嗎？是因為匈奴弱他才弱的嗎？還是……示弱？那麼，如果是示弱，他為什麼要示弱呢？她想起他頭上的帽子，那是獸皮做的，什麼樣的人會頂著獸皮？她又想起家鄉那個扮作白虎的神巫，全身披滿了獸皮——他會是神眷之人嗎？很快，她便夢見了白虎，和小時候熟悉的神巫一模一樣。白虎載著她躍上雲端，她像山鬼那樣斜騎著，衣袂飄飄。洪水在腳下溫順如小蛇，而大山一座一座地閃向黑暗深處。她從未見過這般遼廣的土地，很多孩子像牛羊那樣奔跑，白虎俯下身子來到他們中間，她甚至能看清那一張張歡笑著的臉。

她被凍醒了。她發現自己的腳不知何時伸出了被子。

請辭。

這個念頭一浮現，昭君情不自禁地打了個冷顫。請辭？自己要求嫁給呼韓邪？她覺出了兩頰的滾燙。為什麼不呢？這件事總要有人去做吧，你不是嚮往馮嫽的生活嗎？那就做決定吧。

匈奴，長安，南郡。南郡，長安，匈奴。她在心裏反覆默念。就像大雁，南方的大雁總要有北歸的時候，那麼，自己就做大雁裏的一隻吧……

昭君坐起來，仔細穿好衣服，清洗了面龐，長久地盯著銅鏡。

雁燈亮了。這是一只很小的燈，並非那種長頸高腹背上有蓋子的雁燈，它是駐足之雁，也是徘徊之雁，在蓌席表面投下去留無定的影子。昭君找出一塊絹帛，此刻發著暗黃的微光。她取下一管筆，不住地濡墨。

時近正午時，這塊絹帛帶著蠶頭燕尾落在掖庭令的案几上：「臣妾得天恩寵，幸入掖庭。聞陛下欲擇選宮人外嫁匈奴，願自薦求行，以報君德。請陛下恩准。」

畫師毛延壽沒有想到短短數日，自己竟會與這位名叫嬙的女子見第二面。聞知王嬙主動請辭，要外嫁匈奴，他異常吃驚。當掖庭令安排他為王嬙畫像備選時，他懷有一種深深的莫名的痛楚。翻遍千方木板，丟棄了無數塊椒木，毛延壽最後挑了一塊桐木。

他見到昭君時，正在準備畫材，昭君開口道：「有勞畫師了。」

毛延壽停了下來，說：「待詔……既然待詔請辭，這裏一邊畫著，一邊與待詔講講匈奴，如何？」

「畫師請講。」昭君款然行禮。

毛延壽微微歎了一口氣。

「待詔怎會有請辭的想法？……還是說匈奴吧。匈奴歷史可追溯至黃帝時代，商朝時才遷居北方。他們以游牧為業，隨水草畜牧而遷徙，主要養馬、牛、羊等。他們那裏見不到城郭，也見不到耕地和耕田之民。沒有文字，不能書寫，僅靠口頭語言來溝通交流。培養孩子從小就騎羊，用弓箭射鳥、鼠，大一點兒便射狐狸、野兔之類。人人體魄強健，軍隊盡為甲騎。依照匈奴的習俗，平時游牧，射獵禽獸，遇到天災草枯，便來攻掠我朝，燒殺搶奪，久久為患。這就是他們的天性，只懂得逐利，而不知禮義。沒有米粟，以吃肉為生。自君王以下都吃畜肉，以獸皮畜革為衣。壯年人吃最好的肉，剩下的才讓衰老者吃。所以匈奴以壯健為貴，而以老弱為賤。」

昭君輕輕哦了一聲。

「待詔必須考慮的是這一點，」毛延壽看著她，鄭重說道：「匈奴有個習俗恐怕待詔不知，倘若父親死了……就是說，假如有一日是這樣的情況，兒子可娶其後母。倘若兄弟死了，其他兄弟可娶其妻。」

昭君張大了口。

毛延壽開始專注地畫像，不再看她，也不再說話。

昭君感到匪夷所思。真是這樣嗎？那不就是亂倫，和牲畜有何區別呢？他，他的妻子裏，也會有他父親的妻子嗎？

「待詔……怎會有請辭的想法？」毛延壽一邊勾畫著她的鬢髮，一邊緩緩道：「待詔有所不知，我也不是漢人。」

昭君似乎沒明白過來。「哦，畫師，你……是匈奴人？」

「匈奴人善於養馬，元狩之後，長安城裏出現了很多養馬的匈奴人，不過我不是。我祖上是月氏人。」

又是一個陌生的名字。想來，也是一個遙遠的國度吧。昭君忍不住問：「那麼，畫師如何來到了這裏？」

毛延壽露出一絲苦笑。「待詔有所不知，月氏已經變了。一百多年前，匈奴老上單于時，就把月氏國給滅了，月氏王被殺，頭骨被做成酒器飲酒。十幾年前，呼韓邪在諾水東山與漢將韓昌、張猛盟誓，殺白馬飲血酒，用的便是月氏王的頭骨。」

這幾句話說得昭君毛骨悚然。她挪了挪身子，勉強笑著說：「畫師在嚇我。」

毛延壽停住筆說：「待詔日後便會知道。」

昭君臉上閃過奇怪的神色。

「待詔聽說過大夏國嗎？先祖之國後來西遷，打敗了大夏，佔據了此地。武帝時曾派張騫出使，意圖聯合月氏以抗匈奴。可惜，正如人遇一場大病之後，雄風不再了……待詔想知道我是如何來到長安的？月氏國分崩離析後，留下來的一支便和羌人雜居。我出生在張掖，年少時隨族人流落到康居國。郅支單于強盛的時候，康居王出於自保，便將女兒嫁給郅支做妻子……」

昭君一下子想到前年傳來斬殺郅支的捷報時，自己瞭解的那段歷史。她用顫抖的聲音道：「莫非，莫非郅支所殺的康居王女……便是他的妻子？」

毛延壽頗有深意地看著她說：「正是他的妻子。數百人被殺，丟到都賴水中，河水為之變色，狹處為之壅塞，此後長夜，鳥獸不復食魚，曠野永聞啼號……」

他頓了頓道：「我便是那個時候逃離的。後來甘延壽、陳湯二位將軍斬了郅支，我便改名為延壽。」

昭君眉頭蹙緊，站了起來。

「待詔乃宮中深藏的寶珠……怎會有請辭的想法？」毛延壽又說。

時間彷彿覺察了人心，太陽早早降落並從高牆頂端退下。濃雲連綴起來，密密匝匝，層層疊疊，張開了長安城的夜幕。送走畫師後，昭君內心頗不寧靜。她吃了幾口棗糒，若有所思地吮著手指，寂寂沉坐。

毛延壽的一番話不時在她耳邊迴響，她覺出了內心的混亂。是啊，怎會有請辭的想法？這個決定是不是過於草率？郅支是呼韓邪的兄長，殘忍如斯，固然說五指不求齊，但看來匈奴的確是一處滋生殺戮的土壤。沒有文字，不銘歷史，何來律法遵從，何來道德遵從？呼韓邪也是經年殺伐，拿死人頭骨來飲酒，生死於他們而言似乎毫不重要。食肉寢皮，妻人之妻，怎麼會有這樣可怕的世界？

室外傳來腳步聲，彷彿落葉掃過，一個蒼老的嗓音在費力咳嗽。這個老宮女使得掖庭的夜晚真實起來。

昭君苦苦冥想一百年來眾多和親者的命運，她無從得知。每個人的去向不一，時光交錯，像極了一盤棋局。黑暗隱去了所有離鄉者的面目，彷彿咳嗽，在瞬間歸於寧靜。命運帶我來到長安，命運安排我在深宮獨守，命運讓我虛度韶華，只為了等待一次機遇。現在，這算不算機遇？被皇帝選中，被皇帝選中並寵信，被皇帝寵信並生下皇子，生下皇子成為皇后……宮殿變了，周遭的所見都會變，但命運真的變了嗎？那樣的李夫人，那樣的鉤弋夫人，還有被毒殺的恭哀皇后，數不盡、看不清的善惡糾纏，漢宮與匈奴又有何分別？……這一次，我來為自己選擇，我選擇遠嫁他鄉，我選擇自己要嫁的人，我選擇自身的命運。至於未來，就聽任命運安排，成碎骨便成碎骨，成冤魂便成冤魂。如果命運垂憐我，我自當做馮嫽，盡一己之力去改變，改變那片荒蠻之地。那麼，呼韓邪，你的真面目到底是什麼？

昭君將自己團抱在蓋席中央。爐中火星一閃一閃，木炭散發出好聞的味道，屋外偶爾響起鳥喙在樹幹上的剝啄聲。她的頭枕在膝上，想起在家鄉看過的一種古老文字，樣子像鳥蟲在盤繞飛舞，十分美好。文字，她想，將來有了孩子一定要教會他們讀書寫字，知書達禮後人就會變化。孩子不同了，一切都會隨之不同，包括你——呼韓邪。

寒月投下的陰影在地面畫出最為憂鬱的閣樓一角。眼前木板上的美人微微含笑，顧盼生媚，卻有幾分堅忍。毛延壽久久地凝視著，愈覺得此人有種罕見的美。固執、果敢，悲喜不形於色，善於掩藏內心的弱處，重要的是：大膽。可以說，她具備了一個皇后應有的品質和能力。夜晚的空室飄散著淡淡的香氣，這是畫師喜歡桐木的原因。人們都拿它來斫琴，卻不知道最為適宜的是畫像——嗯，只有桐木適合畫鳳凰。

「待詔……怎會有請辭的想法？」

「畫師畫過的宮人應該有不少了吧？長安有數不清的宮人，我自南郡來到這裏，所見並不能超過家鄉數里，宮牆遠遠比不上家鄉的大山，卻像深井一樣讓人窒息，能夠熟悉並記住的面孔並無幾個。畫師又曾記得哪個？我用的銅鏡不是新造的，背鈕圓潤光滑，必須要繫一條繩索。有時候，我好像能從裏面看到別人的臉，一張又一張，嬌美、哀怨、模糊不清……畫師，銅鏡也在作畫呢。在我的家鄉，香溪河清亮清亮的，人們都去那兒映出自己的臉，可是沒有哪張臉像銅鏡裏的那樣……」

這是大漢的寶貝啊！不，絕不。毛延壽緊咬牙關。明珠豈能暗投，絕不能讓匈奴奪走！

他摸起畫筆，面對畫像思索良久。他反覆轉動著筆桿，用顫抖的手堅決地在畫中人的嘴角一側，點下了一顆黑痣。

光明

皇帝劉奭的額頭微微發燙。這個冬日，除非登上高閣遠眺，很少能曬著太陽，他的時光總伴著大殿上流動著的燭火。呼韓邪的來朝令他打起了精神，和親的請求在他的深思熟慮下也被允准。自從郅支這一方勢力消滅之後，漢匈關係的走向一直是他的心結。兩年時間並不算長，呼韓邪的勢力在匈奴的恢復之快，一度令他驚詫。高祖以降，與匈奴長達一百六十多年的征伐糾纏，始終讓他無法建立信心。匈奴內部五單于之亂發展到七單于混戰，其間大漢主要採取觀望態度。在大漢愈來愈強大的今天，誰奪取匈奴的王權，決定著今後一段時期的應對之策。郅支有相當強的軍事才幹，但是一個反覆無常的小人，殺之不惜。而呼韓邪對大漢的恭敬，是否出於韜光養晦的考慮？

頭疼。劉奭的頸部一陣陣抽搐，臉上沁出冷汗。去年秋天壬申日發生的那次日蝕，近來常常令他縈懷。雖然臣子們做了解釋，他覺得那都是虛言，他有一種不好的預感。

在夢中他曾見過幾次日蝕的還原，最難忘的一次，黑暗幾乎將他全部遮蔽，伴隨著劇烈的燒灼感，異常真實。那一次，日蝕後的太陽宛如雞蛋，在他的注視下漸行漸遠，最後成為一個黑點。黑點並不使他恐懼，在太陽遠去的過程中，他覺著自己也被裹挾著遠去。那是一個半明半晦的通道，最深處的黑點彷彿飛箭之首，以驚人的速度消逝。他感到自己的身體不斷向外抽出散開，他的視野也隨之變得黃白斑斕。最後，傅昭儀為他擦拭宿汗，弄醒了他。

劉奭將一隻手伸向不遠處的几案，上面放著他看了很多遍的呼韓邪上書：「臣常願謁見天子，只因郅支牽制西方，恐其與烏孫聯合共同襲擊臣下，所以未能如願。今郅支已伏誅，願入朝拜見。」

常願謁見。劉奭品味著這四個字。甘露三年（前五十一年），那是他第一次來吧，先帝派車騎都尉韓昌遠道迎接，途中經過的七郡均安排了兩千名騎士充當儀仗和護衛，禮節規格高於諸侯王。拜見先帝時，先帝准他稱臣，並頒給他黃金璽和印綬，贈予很多禮品，其中有華麗的冠帶衣裳、裝飾著美玉的寶劍、黃金、銅錢、衣被、各種絲織品及綿絮，等等。他在長安待了一個多月，讓他回匈奴，他請求留居光祿塞下，如有緊急情況，則可保衛大漢的受降城。如此看來，這個呼韓邪不一般。先帝派長樂衛尉高昌侯董忠、車騎都尉韓昌率領一萬六千騎兵，將他護送出朔方雞鹿塞。不僅如此，先帝還詔令董忠等駐軍塞外，「助誅不服」，並先後調撥穀米和乾糧幾萬斛援助他。第二年，呼韓邪遣使朝獻，先帝對之禮遇有加。又過了一年，呼韓邪第二次入朝，先帝盛情相待，又贈送了許多禮品。朕初登基時，呼韓邪就上書說匈奴缺糧，又撥去糧米兩萬斛援助他。這一次入朝，就是第三次了。

常願謁見，這次還說要給漢室作女婿。劉奭反覆回想著。此次郅支被滅，呼韓邪也統一了匈奴各部，他既已臣服於漢，又進一步提出和親請求，想來也是為穩固漢匈關係。如此也好，兵戎消弭，邊境可獲長久安寧，於百姓於社稷，有百利而無一害。

急促卻輕盈的腳步聲響起，掖庭送來了五位宮女的畫像，恭請皇帝選定。這時劉奭感到身心俱疲，他想歇息。即便如此，他還是命人將畫像呈上來。當左右將畫板依次排開，五幅濃淡相宜的美人像浮現眼前，他的腦袋卻轟鳴起來，突然一陣眩暈。

劉奭似乎看到了自己不忍回憶的那一幕。

當年，劉奭還是太子時，最寵愛的姬妾司馬良娣病死。劉奭忘不了她在臨終前對自己的哭訴：「妾不是死於天命，而是那些娣妾良人無法像我一樣獲得太子的寵愛，紛紛詛咒我令我致死。」這令他對那些姬妾心生怨恨厭惡，從此不再親近她們。

後來宣帝知道了這件事，就讓皇后從後宮挑選一些宮女，讓太子擇選。當年，皇后為他挑選的也是五位宮女。劉奭雖然厭倦，但聖意不可違——他隨手指了一指，便指中了王政君，便是當今皇后。

這一次，劉奭又輕輕抬手一指。

掖庭令躬身上前，將指定的那塊畫板呈上。劉奭揉了揉雙眼，看到了畫像嘴角的那顆黑點。他立刻怔住：這不是夢裏出現的日蝕嗎？

劉奭渾身顫抖著站起來：「拿走，快拿走！」

「皇上，是她嗎？」

「是她，就是她，快給朕拿走！」

或許這就是天命。昭君在離開掖庭遷往別宮的路上沉思著。上天看到我的現狀，又看到我的準備，給了我這次機緣。還有，這也是婕妤的庇佑。

細碎的馬蹄敲醒了被細雪覆蓋著的黃昏。昭君第一次見到身高、毛色幾乎一致的四匹健馬，這便是大宛馬嗎？多麼輕巧華麗的步伐，像香溪的小浪搖擺著小舟，就這樣帶著絢麗的彩光穿透了宮牆厚積多年的灰暗。她舒暢地仰起頭來，長長呼出一口氣。她看著那股白氣在半空繚繞，如煙般飄去，成為一朵隱去面目的雲。頭頂的傘蓋將今日最後的陰影投下，白雪被車輪碾過的轍痕上滲出微微泛藍的銹色，也讓她瞇起來的眼睛感到舒適。她的臉頰觸到了傘桿，青銅的涼意立刻傳遍全身。她側過身來，看到桿箍竟然是竹節形狀。她驚喜地叫出來。旁邊的女官不明究竟，投來詫異的一瞥。啊，多少年沒有見到過竹子了！她撫摸著桿篚，神思不知所往。向晚的風忽然變得強勁，安車轉過夾角，來到了一條寬闊的路上，視野寬廣起來，一些雄偉的建築銀光閃閃地出現在眼前。

「公主似乎沒有看見過長樂宮吧？」女官討好地問道。

「長樂宮？這裏原來便是長樂宮啊！長樂未央，好高大啊！」

「這一路上的宮牆裏還藏著未央宮、桂宮、明光宮、北宮、長信宮，好多呢。」

「哦，真是壯觀。如果不出來，我還以為長安城只是掖庭那麼大呢。」

「公主說笑。這才僅僅是宮城的一部份，長安城還在宮城之外，外面更有山一樣綿延的許多宮殿。還有闊大的上林苑和昆明池，那可是遊春的好去處。」

「長安……真是繁華。」

「公主不知，莫說這麼多宮，宮裏還有殿。就拿未央宮來說，裏面有猗蘭殿、承明殿、清涼殿、宣室殿、溫室殿、金華殿、玉堂殿、白虎殿、麒麟殿……啊呀，還有許多，說也說不盡。」

女官一口氣講了如此多的宮殿，昭君聽說過的卻沒有幾個。也難怪，宮門之內，深如大海，這麼多殿，想必皇帝也不能一一巡遍。那麼多宮人，又怎麼可能都見一遍？

昭君自嘲地笑笑，然後凝神望著遠天將要墜下的太陽。

公主？昭君記得女官一直稱呼自己為公主。不過，她很快便想明白了。

離開長安的時日尚且不知，而皇帝最終召見的日子也未確定，在一種並不平靜的心緒中，昭君開始接受各種訓練。有人教她郊祀歌，有人教她佾舞，還有教她律曆、天文、地理等的，並找來一個匈奴貴族女子教她匈奴的日常用語，給她介紹呼韓邪單于家族。

多少有些意外的是，到了晚上，她的飲食中增加了肉食和酒。肉食以羊肉為主，基本都是大塊，帶著肋條或脛骨，配有枸醬和豆醬。昭君覺得羊肉是一種美味。到後來，她甚至可以吃下去半隻小羊腿。至於酒，她不知道自己有天生的好酒量，只是覺得要尋找適口的那一種。有幾天裏，她習慣了晚餐吃半隻羊腿，喝三耳杯清酒，再加上半塊胡餅。夜晚她會過得很舒適，身體暖意沛然，而且什麼夢都沒有。

昭君要求見史官。她請求史官給她一些簡牘，被委婉拒絕了。不過，史官給她講了李廣、衛青和霍去病，講了漢匈漠南之戰、河西之戰和漠北大決戰，講了蘇武和李陵，講了世代與單于聯姻的呼衍氏、蘭氏、須卜氏三大匈奴貴族，甚至講到東周列國時趙國李牧一舉殲滅匈奴十萬騎的史事。不知怎麼，昭君想讓他講講皇帝——史官則立即告退了。

辭都別國的日子終於定下來，皇帝要設群臣宴款待呼韓邪單于，同時召見王昭君，並為他們送行。昭君暗暗渴望的這一天即將來臨，她要親眼看看未來的夫君，還要看看皇帝的臉。

她心下暗想：我不是一個被遺忘、被冷落、被拋棄的人，我也沒有錯過任何機遇，我的命運指引我堅守到今天，我必須修飾出最美的樣子。我是大漢的公主，我有大國的氣度，我要讓我的明豔照亮長安，照徹萬里疆域——我要讓他知道：你得到的是曠世之寶。

吉日。雪霽。

未央宮。宣室殿。

光線從簷柱間和帷幔下斜斜射入，屏風後的案几從大殿入口一直排伸至殿內，那些杯、盤、卮、魁、尊、壺整齊地擺放在案几上。

當諸位臣子依次站席跪拜行禮後，皇帝劉奭被眾內侍擁入大幄。然後，呼韓邪單于近陛行禮。在皇帝的示意下，大家紛紛跪坐而落。

呼韓邪今天修整了鬍鬚，顯得精神煥發，看上去與四十出頭的劉奭相比也差不了幾歲。他戴了一頂全新的貂皮帽子，穿著全新的短皮上衣和緊口皮褲，足蹬絡鞮。尤為醒目的是腹下腰間一枚寬大無比的帶扣，金光四射，隱約凸顯著猛獸的輪廓。他坐好後整理了一番袖口，然後摘下帽子，環視四周，與相識的大臣頷首示意。

傅昭儀到來的時候，昭君正在作見君的準備。經過一番思慮，她決定將髮髻編成楚式結，就像《楚辭》裏說的「激楚之結，獨秀先些」。不過，她從未見過這樣的結，也不知該如何去編。思來想去，她回憶起數日前乘坐的安車車衡上立著的那隻鸞雀，不禁眼前一亮。在宮人的幫助下，鸞雀在她頭頂復甦，朝著天空畫出一個微小的弧度。只是玉簪、金釵反覆試過，沒有哪一種相宜，這時，傅昭儀到了。

「你知道嗎？昭君，我曾偷窺過你。」

傅昭儀將一隻手搭在昭君腕上。「我聽說有這樣一個主動請辭遠嫁匈奴的女子，怎能不看一眼？那一天，你在學說匈奴語，我隔著門悄悄地看了你很久。唉，回去的路上，我哭得跟淚人似的，也不怕你笑話。」

傅昭儀的眼圈紅了。

昭君有些無措，她不知該如何安慰眼前這位貴婦。見她第一眼，昭君就對她懷有好感——她有一張娃娃臉，不涉人事的感覺，儘管她要比自己年長得多。

「咱們喝一點兒清酒吧。」說出這句話後，昭君也嚇了一跳。

傅昭儀莞爾一笑。「那可真是好，就喝一杯好了。」

兩隻耳杯一傾即空，在黑亮的漆邊各自留下一抹胭脂。

「昭君，非常美妙的髮式！」傅昭儀輕輕撫摸著昭君的結髻，想了想，從自己頭上拔下垂珠步搖，為她插上。「昭君，這件步搖的玳瑁光芒恰好襯托你頭髮的青色。」

昭君沒有說話，行禮拜謝。

「昭君，我這次來是給你送面衣的。大漠沙塵飛揚，戴上面衣可以遮護眼耳口鼻。這件紫紗地面衣有兩層，外面一層金線繡了花，好看；裏面的細密柔軟，也透氣舒坦。」

「哦，還有，」傅昭儀轉過身子，招手命門口的一個女孩過來，「她叫憐波，廣漢郡人，跟了我很長時間，懂得不少，識字。漫漫長路，今後就讓她代我陪著你吧！」

一群寒鴉在宮殿上迴旋。在牠們的俯視下，這一片大地車轍交亂，足痕遍佈，融雪成泥。遠處尚且潔白的深巷裏駛出一輛安車，四匹馬穩穩地行走。大地如此靜默，四圍的宮殿彷彿還未從冷夜寂夢中醒來，小小的安車成了最靈動的所在。馬匹在宣室殿前停駐時，寒鴉們紛紛落上簷脊。牠們看到從宮殿邊跑出一個影子，影子和車輛之間的距離急速縮短，一瞬間，那個影子已撲倒在馬蹄前方。寒鴉中的一隻搧動著翅膀跳了幾跳。

匈奴貴族女子俯臥在泥水中，向上舉著雙手，手中攤開一團白色。

「尊貴的公主，請接受我的心意吧！這是一條白貂圍脖，為您禦寒。」

昭君下車，攙扶她起來。她撩起面衣，示意女子給她圍上脖頸。

「我會記得你的。待我回去王庭，一定找你來見。」

這幾句話，昭君用匈奴語說的。

女子頓時淚流滿面，再撲倒。「尊貴的公主啊，我再回不了匈奴，我要永遠留在長安這裏啊！能夠服侍您是我一生的榮耀！希望您長壽！」

昭君聞言低低哦了一聲。她像是回答她，又像是自語，一邊走上大殿台階，一邊說道：「是啊，大漢總有大漢的好。」

昭君立在殿前等候通報，皇帝劉奭正在與呼韓邪單于交談，滿座的大臣也在竊竊私語。十幾位宮人穿梭忙碌，為賓客備足酒菜飯食。突然，響起「宣王嬙進殿」的通報，一時倏然寂靜。所有的目光轉向大殿門口。

呼啦啦飛起一群寒鴉，在那不算遠也不算近的一方光明裏，幾片翻捲而下的羽毛緩緩降落。

高檻上出現了一個黑點。黑點長起來，近旁的大臣能夠辨認出那是一隻鸞雀，上緣泛著奇異的青芒。然後一襲碩大的面衣升上，紫光搖曳，隨之一陣陣花香漫溢開來。當他們幾乎陶醉在香氣中時，從睇縫的眼際又望見一環絨白，接著湧現的是一團丹紅。很少有人見過這樣特別的錦袍，它有著重重厚綴的邊緣，袖子卻精短寬大，露出裏面的十二色綺羅腕口。昭君從他們面前跨過，他們口角微張，直直地目送著這個身影。

呼韓邪看著她從自己面前走過，嗓子發乾，心跳急遽。他迷迷糊糊地望著那個影子在動——影子緩緩抬起衣袖，就像一隻高傲的神鷹攫走他的夢幻。

面衣終於被摘去，劉奭眼前變得明亮無比。昭君今天臉上敷了胡粉，用石黛淡掃了眉，兩頰撲了薄紅的粉，嘴唇微抹胭脂，且在唇尖稍濃地點了丹。那些珠瓔頸飾藏在白貂圍脖下，但托起了一雙暖玉耳璫。腰間的素絲大帶旁懸垂著由玉璧、穿珠和玉珩組合的配飾。昭君特意將褻衣內貼身的五彩玉玦拿出來，掛在胸口。而腕上，她只戴了一隻銅鐲，上面陰刻著一些南方的花紋。

劉奭略覺恍惚：這個女子難道就是我隨手一指，指到的那個？

他努力回想那天的情景，一顆黑點浮上心頭。

他朝她的嘴角看去，他記不清那個曾經的黑點出現在什麼地方，但眼前這張臉完璧無瑕。是胡粉遮蓋的緣故？如此，這倒是個聰明的女子。

皇帝對昭君端詳許久，方才回過神來，心下未免有些遺憾：如此佳麗，為何之前未能得見？如今將要遠嫁，悔之晚矣。罷了罷了，不便失信，讓她去吧。

劉奭攝斂心神，指指旁側下方的單于。「王嬙，那位便是匈奴單于呼韓邪，你去見一見。」

昭君行禮後，慢慢轉過身。眾臣一陣驚呼，席間有了小小的騷動。有人感歎，就像宋玉筆下的神女啊，一位大臣忍不住吟哦起〈神女賦〉來：「夫何神女之姣麗兮，含陰陽之渥飾。被華藻之可好兮，若翡翠之奮翼。……」幾聲低低的咳嗽阻止了他。

昭君款步來到呼韓邪面前。她微微躬身示意，卻不見回應。她仔細打量他，覺得與畫像上不太一樣：臉和額頭都很寬，鼻子扁平，嘴唇很厚，只有眼睛一致。現在，這雙細窄狹長的眼睛慌亂無神，並沒有畫像中的英氣。

昭君有些失落。她又一次躬身行禮後，轉身離開了。

劉奭呵呵笑了起來。「呼韓邪！呼韓邪！」

呼韓邪一愣，聽到皇帝呼喚，急忙趨前禮拜。

「呼韓邪，朕的公主如何？」

呼韓邪抬頭看著昭君的背影，略顯羞愧地說：「如睹天人。」

劉奭亦有些感慨。「朕待你不薄啊，呼韓邪，大漢待你不薄！你，還有整個匈奴，也得待朕不薄，待大漢不薄啊！」

呼韓邪深深俯身於地。「臣呼韓邪萬死不辭！」

劉奭轉向昭君。「王嬙，聽說你是自願請辭，那是緣何啊？」

昭君垂首道：「漢匈百餘年戰爭，百姓多苦。嬙雖不才，也知道嘉我未老，盡瘁事國的道理。居漢室多年，時時感到皇上的仁愛，到了需要嬙的時候，嬙又豈能避之？」

劉奭不禁撫掌。「真是德行皆備的美人！那麼，朕再問你，你是南郡人，可知匈奴大漠的辛苦？」

昭君略略頷首：「大漠之苦，嬙多少有所耳聞，匈奴百姓世代可以生活的地方，一定有他處不能相及的美好。呼韓邪單于忠誠英勇，是匈奴百姓可以依靠的一代明主，更是大漢可以信任的臣子。嬙又有什麼不能克服。」

劉奭站起身來：「宣朕旨意——匈奴郅支單于背棄禮義，現已伏罪，呼韓邪單于不忘恩德，嚮慕禮義，重新恢復朝賀之禮，願保邊塞永遠安寧，邊境永遠沒有戰爭。今賜單于待詔掖庭王嬙為閼氏，改年號為竟寧。」

隨後，劉奭把酒杯高高舉起。

落雁

暮冬。萬里濃雲將高空堆成鉛色，遠方的林杪霜痕猶在，聯袂而生的枯乾瘦枝散開著，薄霧浮蕩。昭君獨立水邊，望著這條北方巨大的河流裹挾著琉璃般的碎冰，朝向曠野靜靜地波動。在河水與天相融的極處，延伸著一片耀眼的黃銅的光澤。那是河水在鍛造它的城郭，一個無比昂貴且永遠不能抵達的城郭。它將是人們望之俯首的受降城。她感到一陣寒冷。這裏的冬天似乎比長安更加陰鬱，風大面積地吹過，帶著它們的箭鏃以及皮鞭。

北去之路才剛剛開始。

長長的車隊停駐驛道，等待著渡河。這個地方是蒲津（在今山西永濟），早在秦時便築有浮橋，兩百多年過去，已然成了危橋。加固的工程從一個月前開始，為的就是保證和親隊伍順利經過。昭君佇立處的下方，一排排船隻已經綿延至對岸，一些寬大的方舟載滿石塊，由工役齊力划靠在各個指定的地方。比船為橋，造舟為梁，說的便是這樣吧。昭君想。

侍女憐波懷抱一襲暖裘從輜車一側小跑過來，輕快地披上她的身體。她捏著那一雙冰涼的手，忽然感到心疼。

「哈，就快造好了！」憐波迅速抽走雙手，放在嘴邊呵氣。「閼氏您看，真是壯觀呢。喏，這裏連在一起的四條船就是維舟，那邊的方舟是兩條船並著，還有這些單獨的船叫特舟。閼氏您看，那邊鐵柱和木樁上已經連接了鐵索，等那些損壞的木板換好後，咱們就可以渡河了。」

「憐波啊，你怎麼知道這些？」

「昭儀讓我多多地讀簡牘，什麼《爾雅》啊，《禮記》啊，《左傳》啊，《魯故》、《魯說》啊，《明堂陰陽》啊，《封禪議對》啊，還有《孫子》。」

昭君若有所思。這位傅昭儀不僅人善良，還頗有見識。能讓宮人讀典籍，也真是難得。倘若，宮內人人都有這樣的機緣，那該會是一個什麼樣的景象啊。

她不禁想到匈奴，想到呼韓邪。大約半個月前，呼韓邪沿著秦時直道北上，先期返回匈奴王庭，準備娶親事宜。臨行時呼韓邪給皇帝上書，表示願意為大漢保衛東起上谷（今河北懷來）西到敦煌的邊塞，恭請皇帝撤走戍守邊塞的士兵，以使大漢百姓休養生息。昭君記得皇帝回覆他的口諭：「單于上書希望大漢撤回北方戍衛的士兵，願意子孫世世代代替大漢保衛邊塞。單于嚮慕禮義，所以替百姓考慮得很多，這是一個長久之策，朕非常讚許。只是大漢四方皆有關梁障塞，並非只是用於防禦塞外，也是為了防止大漢的奸邪放縱之輩，逃出去成為流寇禍患，因此明確法度以使眾人安心。單于的意思朕非常明白，對此沒有任何懷疑。」

昭君聽說皇帝曾就此與群臣商議，郎中侯應提出不可應允單于之請的十條理由。第一條主要從漢匈征戰歷史講大漢建塞起隧、築城設戍守衛，才令邊境獲得一些安定。漠北地平，少草木，多大沙，匈奴來犯，很難蔽隱，如果撤走戍守邊塞的士兵，等於給了匈奴極大的利益。第二條針對匈奴如今稽首來臣的現狀，夷狄的天性，艱困時卑微順從，一旦強大則驕橫違逆。之前已經廢棄外城，停止修建防禦工事，如今只要控制保證能傳遞烽火即可。第三條，大漢有禮義之教、刑罰之誅，百姓仍免不了犯禁，單于能保證他自己以及他的部下不會犯約嗎？第四條也頗有道理：大漢設立邊塞，屯戍士兵，不獨為了防範匈奴，也為防範諸屬國降民逃走。第五條，撤守邊塞，不利於處置因邊境貿易而起的種種糾紛或事端。第六條，防止士兵逃亡出境。第七條，防止邊民逃出邊塞。這兩條都出於擔心大漢人口流失。而盜賊流寇之徒被逼急了逃亡北出，不可控制，這是第八條。第九條比較現實，起塞以來一百多年，花費了巨大的人力物力財力，才建成了這些防禦工事，一旦廢棄，障塞破壞，烽火不傳，還得花費巨大來修繕整治。最後一條則深謀遠慮：如果撤走戍卒，單于就會以為大漢保塞守禦而居功，一旦不稱他意，則後果不可測想。

昭君也認為呼韓邪的上書有些不智。她這幾日內心並不平靜：究竟是他本心簡單，還是別有所圖？

安不忘危。昭君輕輕念出這四個字，覺得天空愈加低沉了。

昭君從午後的夢中醒來，她問憐波：「我們這是到了哪裏？」

憐波說：「在涑水河谷走著。」

涑水。北方竟然也有名字這麼好聽的河流。

昭君又想起呼韓邪的上書。他為什麼會提出讓大漢撤走守邊士兵的要求？或許，他還不懂得如何表示忠誠。

無論如何，這是個不妥的請求。記得白登之圍時，使臣劉敬就指出匈奴人十分狡詐。希望，呼韓邪是特殊的例外。

一大片開闊地迎面而來。鐵甲護衛隊的側面出現一隊工役，隊中有人挑著擔囊，有人推著鹿車，車上堆著一些鼓鼓的布橐。昭君依稀聞到幾絲熟悉的味道，那是家鄉井中出鹽的味道。當滷水煮盡，白白的鹽塊從鐵釜中倒覆而出，露出焦黃烏黑的底子，人們總要用沾溼了的手指去點一點，然後放到舌頭上嘗嘗那種鹹香。

「也不知匈奴產不產鹽。」她不禁自語。

憐波便接話道：「據說匈奴也有鹹水鹹海，但從不出鹽。他們的鹽，一是跟漢人貿易，用牛羊馬匹來換，一是來搶。也有漢人偷偷運到匈奴販賣的。」

昭君想了想，問她：「如果漢匈和好，大漢將邊塞守軍撤走，會不會是一件好事？」

憐波張大了眼睛。「閼氏啊，漢匈和好是一回事，守衛邊塞是一回事。一進一出還都得依禮依律呢。」

「那麼，倘若匈奴提出，他們來替大漢守境，會是什麼意思？」

憐波小心翼翼地問：「單于今後會為難閼氏嗎？」

昭君歎了一口氣：「這一次真是我想簡單了。」

抵達太原郡的傍晚，天空飄起了雪花。車隊進入晉陽城，雪下得迷離狂亂，嘯風烈烈。道左的懸甕山宛如鹽塑，一座古老的獻亭陷入天地的蒼茫，晉水沖刷著兩岸高冰，帶著劇烈的跌撞迴響從橋下遠去。灰暗的城牆被烏雲壓得很低，道轍不斷堆積著新雪，暴露出大地交錯凸起的筋絡。

太守攜都尉率騎迎接。食畢安歇。

為昭君照明的是一盞行燈。油的味道並不好聞，火苗常常伴著黑煙搖擺。木床也顯得陳舊，上面鋪著藺席。或者是為昭君考慮，臨時用青絹包了邊。藺席有三層，坐上去軋軋作響。憐波將那張蓌席覆在上面，四角重新壓上青銅虎鎮。環顧周圍，室內家具很少，還好有一隻憑几，竟然還是漆器。作為守邊之城，如此也頗不容易了。

風雪愈來愈大，寒意透牆。昭君萌生了喝酒的想法。憐波挪來一張木案，取出壺與耳杯。晉陽沒有清酒只有薄酒，昭君勉強飲了一杯，身體微暖，疲倦之意便濃了。

「憐波，陪我說說話，讓我睡著。」

侍女蜷縮在一方木榻上，與昭君距離不算遠，燈光恰好可以映亮她一側的眼瞼和面頰，以及精巧的鼻廓。

「閼氏可聽說過韓王信？」

「嗯，是那位甘受胯下之辱的韓信將軍嗎？」

「不是的，閼氏。韓王信是東周列國韓襄王之孫，秦末曾領兵隨高祖入關，因為攻佔韓地十餘座城立下大功，被封為韓王。」

哦，原來是兩個人。

「閼氏啊，因為來到了晉陽，所以想起韓王信。後來高祖為了防範韓王信，將他的封地從戰略要地的潁川遷到太原郡，都城晉陽，詔令他防禦匈奴。閼氏啊，您想想，中原多好啊，又富庶，又溫暖，太原這裏多苦啊。韓王信是個聰明人，他知道高祖對他起了戒心，主動要求把都城遷到更北更靠近邊境的馬邑。後來，匈奴冒頓單于包圍了馬邑，韓王信不敵，私下與匈奴和談。高祖派兵救援，但懷疑韓王信有背漢之心，致書嚴厲斥責他。韓王信害怕被殺，於是降了匈奴，反過來領著匈奴人南下來攻打大漢。」

昭君坐起身來。憐波一見，也披著被子起來。

「高祖很憤怒，親自率軍出征，將韓王信擊敗，殺了他的部將王喜。韓王信便逃到了匈奴。高祖進入晉陽後，匈奴又來進犯，再一次被擊敗。後來，柴武將軍在參合斬殺了韓王信。」

昭君點點頭：「嗯，這便是多行不義必自斃。」

「閼氏啊，柴武將軍曾勸韓王信及時回頭，歸順大漢。您猜韓王信怎麼說？他說，我有三條罪狀，一是榮陽之戰時未能以死效忠；二是匈奴進攻馬邑，未能堅守城池而投降；三是如今與將軍交戰。數完三條罪狀後，又說，文種、范蠡沒有一條罪狀，卻落得一個被殺一個逃亡。現在我有三條罪狀，豈敢想在世上求活？我不是不想歸順，只是情勢不允許罷了。閼氏啊，您看，這樣一個人還埋怨天不可憐他！」

憐波等了等，沒聽到昭君的回應。她認真看去，以為昭君坐著睡著了。

此刻昭君內心五味雜陳。文種、范蠡沒有一條罪狀，卻落得一個被殺一個逃亡，這句話在她腦中一直盤桓不去。

昭君默念著呼韓邪的失策。真的以為同席而坐，內附和親就能夠消弭邊界了嗎？太天真了。

注定又是一個漫漫長夜。因為無法入眠，此夜愈顯綿長。

雁陣的鳴聲早早來臨，高天有了初春的訊息。

道路愈顯狹窄，山色忽明忽暗，枯葉當道。轉過一個極大的彎道，深峻的兩山亮出相對的利刃，黑黢黢的。

勾注山鐵裏門（今雁門關）到了。

憐波說：「閼氏，當年韓王信領著冒頓單于下圍晉陽，便從此處經過。」

鐵裏門。的確，如此陡直的山勢不僅澤光如鐵，去意也一樣。昭君在輜車內默想。

「這裏也是高祖遇到劉敬大人的地方，」憐波望著天空呵著長氣，「如果高祖能夠聽取劉敬大人的忠告，就不會有白登之圍了。」

靠近邊塞，這樣的事情會愈聽愈多。

駐紮在勾注塞的身著鐵甲的軍士們列隊向車隊致敬。最近因為失眠，昭君始終昏昏沉沉，她覺得自己就要病倒了。車隊因此在這裏停下，馬匹去自由吃草，太醫則支好藥鑊，煮沸一鍋祛除風寒的草藥。服過湯藥後，昭君有了些精神。久坐無聊，便讓侍女陪她登上勾注塞，看看北地的風景。

憐波突然蹲下身去。「咦，一個帶鉤！」

她從黃土中掏出一個柱狀帶鉤，鉤鈕處連帶著一角布帛。下來迎接她們的將官則在夯土牆上隨意摳動，掌心便落了一枚箭鏃。憐波好奇，探手也去摸找，很快也發現了一枚。她扯了幾扯未能取出，又用另一隻手來掏周圍的黃土。一陣塵霧瀰漫，箭鏃終於被拿出，卻深深扎入一塊白骨中。

將官默默躬身撿起這塊骨頭。

幾個人登上土城，只見林立的兵士塵灰滿面，神情肅穆，望著遠處的漠漠平林。這些手執長鈹短鎩的男兒卻一身絮衣，與那些鐵甲閃爍的隊列相差甚遠。昭君心有感慨，一一頷首而過。

將官說：「近來兵戎暫歇，否則萬不能請公主來此高樓瞭望。」

昭君將身體貼緊垛口，眼界之遼闊遠遠不同於蒲津所見。收穫後的大地空蕩蕩的，因為瞭望所需，幾乎所有的樹木都被斫毀，留下荒草不可遏止地生長。目光所及，不見人舍，更無牛羊之類的活物。

昭君指著西北方向問道：「那邊成堆的丘陵是哪裏？」

將官道：「墳墓。」

昭君心內湧起一股涼意。

「征戰這麼多年，每次成堆成堆地死，成堆成堆地掩埋。這其中有漢人墓，有匈奴人墓，也有漢人匈奴人混葬的，根本分不清，就那麼掘土埋了。公主看到的只是一小部份，大多數都被戰馬踏平了，有時候挖土埋人，挖著挖著就挖出了骨頭。」

昭君不忍再看。

將官說：「公主請下來吧，天氣太冷了，這裏風烈。」

他們沉默地經過一處城牆掏出的窯洞，將官指給她們看——那個夾角高高堆起帶鉤和箭頭，紅褐交疊，一片斑斕。

「這些都是隨手撿回來的，還可以重新鑄造兵器。」

侍女好奇地蹲在那裏翻弄。昭君瞥見有幾個彷彿呼韓邪腰際的那種帶扣。她彎腰拾起一二仔細端詳，上面是猛獸的圖案，有的正在噬咬一頭牛，有的被群狼圍攻。她的指尖微微顫抖。

「哦，有一個奇怪的帶鉤，不知公主能否看懂。」

將官低下身子進入另一孔窯洞，不一會拿出一個小小的物件。昭君在洞外翻看，原來是一隻水鳥形狀的帶鉤，尚不及箭鏃的尺寸。她有些明白了，這一定是從一位南方兵士腰間取來的。鳥身與鉤鈕幾乎一樣大小，而鳥喙則長長地畫了道弧線。帶鉤打製得十分精緻，兩側還陰刻出一雙斂收的翅膀。雖然是青銅，但泛著幽冷的碧輝。她抬起頭，似乎望見了南郡的天空……她向將官討要了它。回到車上，昭君緊緊攥著帶鉤，有幾次感到它在往自己手心裏鑽。深宮怎會知道帶鉤也會成堆成塚……

輜車動了起來，蹄聲紛亂疊沓。

昭君沒有想到不久前望到的那一片墳墓，竟然很快出現在車外不遠處。墓丘無一例外地被野草掩蓋，野草一叢一簇地滋生。車子的行進中，昭君看到了這樣一種壯闊和連綿。墓丘一層一層地湧現，大大小小，不絕如縷。她無法抑制心中的顫慄——這片大地只會生長墳墓。

昭君將琵琶抱在懷中，似乎琵琶是一面盾牌。

啊，呼韓邪，他想消弭的不是邊界，而是戰爭。他有他的雄才大略，然而一百多年的仇恨怎麼可能一夜就被忘卻？

她想起傅昭儀說的一番話——都說匈奴如蠍，實出於地不利之故。昭君，你的到來，對匈奴而言，或許才是一個真正的開始，一個全新的開始。因為你，他們將學會有尊嚴地生活，明廉知恥。如此，和平才體現出真正的意義。而你，你的請辭，你的一切犧牲，從此才有了意義——昭君問著自己：「我，可以嗎？」

她忍了很久的淚水這一刻奪眶而出。

不應再有死亡。

昭君將弦柱細細調整。她的手遲疑不決地搭上四弦，上下來回輕撫。高空傳來雁唳，最後的墓丘在車隊的轉彎處漸漸遠去，鐵裹門緩緩合攏。

她抬起右腕，像做了一個決定的手勢那樣撥響了琵琶。

單于

匈奴，傳說其先祖是淳維，是夏朝王族的後裔。匈奴單于姓攣鞮氏，匈奴人稱之為「撐犁孤塗單于」。匈奴語中，「撐犁」的意思是「天」，「孤塗」的意思是「子」，「單于」的意思是「廣大」，連起來便是「天子廣大」，就是說單于有上天賜予的權力，是上天的兒子，應該受各方尊重，擁有廣大遼闊的土地。

單于的意思為廣大，這個在昭君學習語言時，匈奴貴族女子已經講過。還有呼韓邪，意思是廣智，是一個尊稱，他的本名是稽侯狦，他是虛閭權渠單于的兒子。

朗日普照，四野明黃。自出塞後匈奴騎兵迎護，輜車兩側就始終遊走著泛著油光血漬的皮袍，伴著強烈的腥膻味道。馬蹄隆隆，人聲寂寂，間或有呼哨般的鳴鏑遠去，想是互通消息。前幾日從紅砂四伏的火山岩口到參合口的一段路重車難行，她們改乘駱駝。這種身形龐大的動物神情傲慢，一邊悠然踱步，一邊不停地咀嚼。舒適的駝架抬升了她們的視野，遠處與天相接的一線俱是山脈，忽高忽低地展開，因為草木稀疏且低低地倒伏，山色一律赭黃。雲朵麇集，降得極低，大面積的緩坡上是它們滑行的暗影。

「難怪這裏叫善無縣，匈奴語裏就是指梳子，閼氏您看，眼前自上而下的山形可不是像一把梳子？」

昭君微笑著說：「你說得對，就像馬蹄梳。」

憐波說：「記得冒頓單于時派使者來，當時皇上賞賜了很多物品，有繡袷綺衣呀，長襦呀，錦袍呀，黃金犀毗呀，竟然還有梳子。」

昭君想了想道：「匈奴披髮，不善打理，難免生出虱蟣，櫛之類的也能用上。」

也許是騎乘駱駝久了的緣故，此時坐在密閉的車中，昭君感到腰部痠痛。車輪似乎並非走著直線，時左時右，坑坑窪窪的，雖然水草柔滑，不甚顛簸，但她身體很不舒服。而那個即將到來的婚禮，以及全然陌生的宴席，連同那個即將到來的黑夜，都令她難以寧靜。

關於呼韓邪單于的婚姻，匈奴貴族女子給她細細講過。單于的長子名叫銖婁渠堂，現今大約三十三歲，他的母親是烏禪幕的女兒。五單于爭立時，烏禪幕部落是擁立呼韓邪就位單于的關鍵力量。銖婁渠堂九歲時升任右賢王，十二歲那年被送到漢室做人質，十年後回到匈奴並升任左賢王。比較複雜的是左伊秩訾王的哥哥呼衍王的兩個女兒，二人都嫁給了呼韓邪，姊姊是為顓渠閼氏，妹妹則是大閼氏。顓渠閼氏為呼韓邪生有兩子，長子名叫且莫車，次子名叫囊知牙斯。大閼氏生有四子，長子名叫雕陶莫皋，次子名叫且麋胥，老三名咸，末子名樂。這六個兒子按照年齡大小排序，一是雕陶莫皋，今年十七八歲的樣子；二是且麋胥，比雕陶莫皋小兩歲；三是且莫車，又比且麋胥小一歲；囊知牙斯排在第四，比且莫車小兩歲；咸、樂分列五六，一個十一歲，一個九歲。此外，還有八歲的助，至於他的母親是誰，貴族女子也知之不詳。七歲的輿，母親是第五閼氏。六歲的盧渾，母親是屠耆閼氏……

昭君記得貴族女子喋喋不休的樣子。還有多少個兒子，她已經無法記清了。孩子們是一個問題，眾多的閼氏們也是一個難題，今後該如何相處，彼此相安無事？

她回憶了一下，這些孩子中與自己年齡接近的應該是雕陶莫皋，如果所言不虛，他比自己小僅僅兩歲。只大兩歲的母親！她不由得苦笑。

咸、樂、助、輿、盧渾，聽起來像是漢名……尚且不錯。

侍女憐波發出低吟般的鼾聲。昭君心疼地看著她。這個孩子，看上去也就十三四歲的模樣，便隨我吃這般苦。傅昭儀真捨得。

那應該是……囊知牙斯的年齡？

昭君不知將來該如何安排她，紛繁複雜、接踵而來的事情使人異常疲憊。

烏青色的煙霧瀰漫在穹廬裏，伴著那種強烈刺鼻的腥味，耳際混合著木材炸裂的劈啪聲和脂肪沁出熱油的滋噗聲，還有被嗆著的低促的咳嗽聲，以及外面遠方馬匹的嘶鳴。那隻無頭的羔羊被火焰繚繞著，變得脹大且微微晃動。匈奴女子長跪在地，手執鐵刀，熟練地劃開煙色濃重的羊腿和胸肋，置於盤中。昭君面前的金盤蒸騰起一陣熱焰般的溼氣。她看見肉塊的表面有一股暗黑的血流從其下滲出，沿著盤底的邊緣畫出半圓的一道線。匈奴女子呈上一方寬大的木盤，裏面有鹽盒，有混合了羊乳的鹽汁小盆，還有乳漿和乾酪。此外，一把如匕的銀刀，一把同樣大小的鐵刀，斜斜架在盤子邊緣。她注意到鐵刀殘存著油漬和血漬，或者便是匈奴女子剛才手中拿過的那一把。十多天了，即使遠比初來時適應，她聞到羊肉的味道依舊忍不住腹中抽搐。記得臨行前在宮內吃的羊肉並不是這樣的味道啊，還有，肉的纖維咬起來頗為費力，油血總會流溢而出。

這種味道與穹廬，與呼韓邪是同一個味道，這裏的貴族都是同一個味道，就像不能通過香氣來分辨的掖庭宮人。那一夜，她的身邊似乎有十萬隻羊在沉睡。一場豪飲，人就變成另外一個樣子。那些壯觀的歡慶場面在她腦海早早消散，那些王公貴族閼氏們的面孔也已模糊不清。那些孩子，哦，怎麼會是孩子，就連十一歲的咸身高都和自己相差不多，卻壯如牛犢。他們可真和他是一個模子出來的，都是細長的眼睛，看人都頗有深意。

晚宴開始之前，她告訴呼韓邪一定要少喝，因為這是和親第一個夜晚，入睡之前，他們二人要在穹廬面南，依禮遙謝漢家皇帝。為此，侍女憐波甚至找來了一匹母馬第一次擠出的奶，早早備上拜案。昭君忘不了穹廬外的喧囂樂舞、鼎沸人聲徹夜連曙，他卻粗暴地跌撞進來，大笑著想來擁抱。她命憐波守在自己面前，大聲喝道：「只要單于近前，你就下手殺了我！」她忘不了憐波雙手握著小刀，瘦弱的身體一陣陣發抖。

第二天，呼韓邪宿醉醒來，依舊跌跌撞撞地出去議事，好像忘了頭天晚上那一幕，甚至忘了還有昭君——寧胡閼氏——的存在。黃昏時分，他的馬蹄聲在穹廬前戛然而止，一個滿面春風、英姿颯爽的男人闊步向前，卻被憐波橫刀攔住。昭君說：「單于不要詫異，因為你的食言，所以我還不能讓你真正成為丈夫。對我這樣一個小女子尚且出爾反爾，漢家皇帝又豈能信任你！」雖然呼韓邪表示愧悔，伏地向南告罪，又再次祭獻祖先，言明自己的過失，昭君仍然與他作出了約定：十日後再說。

彷彿發生在昨天。昭君看著盤中尚溫著的肉絲毫沒有胃口。憐波拎來一個灰色小罐，裏面裝著酒。

「閼氏，您要不來一杯？」

「也好。」昭君小啜著，覺得味道酸酸的。「這是什麼酒啊，像乳似的。」

「閼氏說對了，這是馬乳酒。」

「馬乳也能釀酒？」昭君有些疑惑，又喝了一口。

憐波擦拭著留在罐頸的酒沫，說：「閼氏啊，馬乳可以做酒的。武帝時候，把家馬改名為挏馬。擠好馬乳，放在韋革做的夾兜裏不停地搖晃，時間一到，就成了。所以它叫挏馬酒。」

昭君莞爾一笑。憐波啊憐波，可為師矣！

挏馬。搖晃之馬？舞馬？她的眼前慢慢出現了那些往返奔跑的馬的影像。

那是幾天前，呼韓邪為了討好昭君，在狼居胥山和余吾水之間，安排了數萬騎兵作征戰狀。呼韓邪陪著昭君一同策馬，因為擔心她不習慣鞍上顛簸，他的戰馬走得極慢。清晨從王帳出發，到了狼居胥的一處山頂，正午的陽光開始變強了。憐波及時為昭君戴上面衣。對於這次比較突然的出行，昭君無法猜測他的意圖，但也覺得內心舒暢且歡快。來到匈奴這幾天長歇穹廬，只是偶爾與其他閼氏們短暫會面，聊上幾句。而到了曠野，首先空氣就令她興奮。她長長地吞吐呼吸，似乎要把腹內的羊肉還原回青青牧草。高處是一塵不染的天空，雲朵都向四方垂降，頭頂拱起一個透明而又溫暖的弧度。天，好像一個大大的穹廬啊，或者，所有穹廬都是對天的模擬。

思緒翻飛間，她望見更遠處的山頭上搖動著旗幟，四圍響起悠長的號角，然後從山谷與河谷的四個方向疾射而出四隊騎兵，轉眼便成為四道瘋狂滋生蔓延著的洪流。昭君的心急遽跳著，眼前這一場突發的戰爭令她非常不安。她情不自禁地朝呼韓邪靠去。這時，他們身後一聲震耳欲聾的號角昂昂盪開，昭君感到自己腳下的泥土在向一側移動，四方人馬早已匯合在一處，瞬間改變了谷地的顏色。所有的馬匹幾乎同時朝向這個山頭，朝向呼韓邪。馬上的騎兵高舉鐵刀彎弓，齊聲吶喊著致敬。煙塵的細流從每個行列中襲出，在馬匹後方彎繞成結，復再飄向河岸漸漸逸去。昭君顫抖地問他：「是要征戰了嗎？」呼韓邪大笑著告訴她：「所有的一切，都只是為了讓你高興起來。」

昭君沉下了臉。「單于以為我是妹喜、妲己、褒姒之流嗎？難道沒聽說過烽火戲諸侯嗎？」

呼韓邪尷尬失措。他低聲說：「匈奴不毛之地，沒有能夠使你快樂的東西。你常年在漢宮，沒有見過廝殺場面，或許這麾下的鐵騎可以讓你忘憂。」

「忘憂？兵戎一舉豈是兒戲！只會讓我更加憂慮。你明白嗎，指揮成千上萬人馬會於山麓水濱，往來狼突，號角破空，某日此事傳入漢家皇帝耳中，你覺得皇帝會怎麼想？」

呼韓邪頓然失色。昭君搖搖頭，說：「縱有雄才大略，單于還沒有學會如何與漢室打交道。你人心所向，在我和百姓看來固然大好，然而也是漢室警惕的一點。五單于之亂，憑受漢室恩威，你得以立位，重整匈奴秩序。這麼多年的內爭外戰，匈奴物產盡失，百姓十戶九空，即使全民皆兵亦不過寥寥三五萬眾。如今漢匈干戈既罷，百廢待興，當務之急是繁衍人口，蓄養牲畜，學習大漢耕種技術，以防天災。漢之強盛，絕非你三次入朝所能識見，現今以漢之強，並不凌匈奴之弱，既給物資，又准和親。你可知道，到嬙這裏，漢室停止和親已經百年。漢皇決定重開和親，是他的仁德綿厚，難道不是你呼韓邪之幸？今天為了我的一笑，你調動如此多人馬，漢室之外，難道你也忘了烏桓、丁令嗎？」

呼韓邪大汗淋漓。

「不要試圖逞強，也無需示弱，更不要想著與大漢分庭抗禮。漢室是重要的倚靠，以前是，現在是，今後更是。匈奴地瘠物乏，幾百年來隨水草而居，就像無本之木、無根之草在風中搖擺浮蕩，始終難以穩固立足。沒有立足之心，就沒有立足之策，沒有立足之策，便沒有立足之地。匈奴強時，疆域闊大，一旦勢去，空間狹小，只是白白死了那麼多將士與百姓。大漢為什麼可以持續強大，即使受辱也是短暫，就是因為它穩定，立足牢深。匈奴常年來搶奪的無非北方邊境那些郡縣，你搶你毀，而後復搶復毀，如此幾番，直到再也無力去搶去毀，這是為什麼？你想想，草原上野火一起，燒去那麼大那麼豐厚的草場，是不是第二年那裏就寸草無生了呢？大漢一直在建設，建設是立國之本。你還沒有到過我的家鄉南郡，它在長安以南，間隔著重山疊水，還有漫長的距離。雖然遠離長安，但南郡物產之豐富你是難以想像的，何況南郡以南還有武陵郡、豫章郡，其南還有桂陽郡、零陵郡，其南還有蒼梧郡和南海郡，其南還有交趾郡。大漢之大，遠超想像。你是天子，天把你我安置在北面不毛之地，自有天的道理。我來幫助單于把這個地方變好，讓百姓衣食豐足，牛羊遍野，還要建設城池，種植豆麥，興文習禮，真正成為漢室看得起靠得住的盟友。怎麼樣？」

孝成帝建始元年（前三十二年）二月，右將軍長史姚尹等出使匈奴，帶來了皇帝劉奭病逝的消息。

匈奴舉孝。

大帳中，呼韓邪向姚尹回憶起十九年前朝拜皇帝的那一幕。

「當年，我從五原塞入，先帝派車騎都尉韓昌來迎，沿途經過五原、朔方、西河、上郡、北地、馮翊和長安七郡，每郡都發兩千騎，陳列道上護衛相迎，寵衛如斯，榮譽莫大。先帝在甘泉宮召見了我，賜給我眾多禮品。接見完畢，又安排我到長平觀下榻休息。先帝再次接見我時，群臣以及各族的君長王侯數萬，在渭橋下夾道恭迎。先帝登上渭橋，大家山呼萬歲，至今想來都熱血沸騰。」

姚尹糾正他道：「單于提及的是孝宣皇帝。」

呼韓邪稍稍發愣。「唉，我也是老了，近來不時犯糊塗，朝不保夕的樣子。」

姚尹寬慰他說：「單于如今正是壯年，匈奴安定，人口增加，皇上聞知，也會為單于高興的。」

呼韓邪神情黯然。「想起孝元皇帝厚待，心中愈發難過。記得孝元皇帝剛剛即位，我便上書說民眾困乏，先帝詔令雲中郡和五原郡調撥了兩萬斛穀子給我。郅支殺了漢使，後來先帝派遣韓昌和光祿大夫張猛送我侍子，問起這個事情時表示跟我沒有關係，讓我不要多心。韓昌、張猛見我百姓愈來愈多，足以自衛，便與我登上諾水東山，斬殺白馬，以血盟誓。誓言從今往後，漢匈一家，不得相詐相攻，共同禦寇，後世子孫悉令遵守盟約。如今諸事或記或忘，唯有這盟約不敢有遺。」

姚尹亦被感動。「如今新皇甫一即位，便大赦天下，宅心仁厚。此番派我來使，便是向單于表明漢室之意，就像單于剛才所說的盟約，漢匈一家，世代友好。單于有什麼需求盡可提出，漢室會盡力以助。」

接著，姚尹提出想代漢室探望寧胡閼氏，並轉交皇帝的禮品。

從王帳出來，天色稍稍轉暗，姚尹一行加快腳步。不遠處即見一排漢式建築，據匈奴陪員說，閼氏如今住在那裏。姚尹暗暗稱奇。推行漢式建築，是昭君改變匈奴百姓生活方式的一種，包括紡織、種植、改變烹飪方式以及炊具，甚至還有曬鹽燒鹵等。姚尹抬眼看到建築瓦當上有字，藉著熹微的光線仔細辨認，原來是「單于和親千秋萬歲長樂未央」十二字。瓦當比所見過的都大，中心有一個鼓凸的乳釘。

姚尹進到室內，見昭君穿著大袍，和她的侍女靜靜坐著。

姚尹行過拜禮後，先讓隨行人員將皇帝的贈禮一一抬上，逐一告陳。昭君聽來無非是衣絮錦帛之類，另外有一些黃金。昭君面南謝恩。最後抬進來一個小箱子，姚尹言明這是定陶太后的禮物。昭君有些疑惑，姚尹解釋說：「就是傅昭儀。先帝駕崩，昭儀隨子定陶王劉康回歸封國，恭稱定陶太后。」昭君感到一絲悵然。箱子打開，最上一盒裝著一枚質地溫潤的玉笄，包裹的絲綢上傅昭儀寫了幾行字，意思是說，這枚玉笄是給憐波的，無論她有無許嫁，到時都請昭君代她為之舉行笄禮。第二個小盒裏有一支金絲纏頭的玉簪，一套由金環、金牌、金串珠和包金玉珮組成的耳墜，一個銀項圈。小盒下方，是一尊鎏金銅豆型熏爐，一隻銅溫爐，還有一面銅鏡，背面蟠螭紋，其間有「長相思毋相忘」六字銘文。

昭君嘴唇有些哆嗦，她吩咐給漢使賞賜並招待飯食。

憐波為漢使們端上了飯食，主要是酒和肉。不一樣的是，羊肉不再火烤，而是放在一隻鐵鑊裏燉煮，散發著某種植物的清香。姚尹看到竟然有自己嗜吃的豆醬，喜出望外，覺得不可思議。還有一種魚醬，是用弓盧水中的細條魚製作的，大塊塗抹在麵餅上，閃出斑爛的銀色。此外有一種姚尹從未見過的食物，像是麥粉製成，條狀，寬窄一致，其上堆著一小撮料末和鹽菜。他吃了一口，覺得清涼鮮美，異常滑嫩，頗耐咀嚼。憐波介紹說：「這是麥粉過水洗出來的精華，十分光韌，將它切片，再與麥粉做成的麵條混合煮熟便是，放涼了更加可口，閼氏特別愛吃。」昭君說：「可惜還不知道怎麼稱呼它才好。」姚尹想了一陣，說：「這種麵食細膩又勁道十足，況且是從麥粉中洗出的精華，不如叫麥肉如何？」憐波掩口，笑道：「有牛肉、羊肉、馬肉、雀肉，沒聽過還有麥肉。」昭君輕輕斥責她不得無禮。姚尹笑笑說：「無妨，既然麥肉不妥，筋肉相連，叫它麥筋可否？」大家紛紛撫掌稱善。匈奴女子捧上一盆熱湯，其中的塊狀物也是這種麥筋。憐波說：「擔心漢使們吃不習慣匈奴飯菜，閼氏特別吩咐按照家鄉手法用野鴨熬煮的。」除了這些，還有乳酪，還有酒。漢使們喝的是秫糵釀製的酒，昭君則飲了少許挏馬酒。

微醺之時，姚尹問了昭君一件意想不到的事。

「臣聽說去歲閼氏到匈奴後不久，匈奴接連遭遇風災、旱災，水涸草枯，牲畜盡死。不久，匈奴貴族中傳言，這些災難都是因為閼氏您的到來，請求單于用您的血祭天，不知是否有此事？」

昭君淡然一笑。「漢使一路勞頓，多聽一些傳聞倒也可以解乏。風災旱災在匈奴並不鮮見，這便是地不利的原因。北方疆域遼闊，人煙稀少，休養生息如此，也不過七八萬百姓。從去歲來斯地，短短時日，單于夙夜難寐，我也用盡心意。如今百姓學習耕種，單于更是放寬邊貿，一切都在慢慢改變。假以時日，匈奴自不會輕易被天災壓垮。我乃漢人，百年來漢匈沒有和親，有些傳聞不足為奇。仇恨不會一夜之間消弭，尤其是牽涉一些匈奴貴族利益。現在強盛的大漢便是我和單于的倚靠，漢使們到來，什麼風波都會平靜下來的。我的家鄉有一句俗語，群鳥是鳳凰的羽翼。其實，並不是單于在庇護百姓，恰恰百姓才是單于的福份。我能做到的便是輔佐他使百姓安康富足，不再受天災困擾。」

閼氏

閼氏之於匈奴，按照此前匈奴貴族女子對昭君的講述，就像漢皇的嬪妃。依次分成等級，有大閼氏、第二閼氏、第三閼氏，等等。

這種封號在憐波眼裏顯得簡陋。她給昭君講，天曰皇天，地曰后土，因此皇上的妻子稱皇后，妾都叫作夫人，還有美人、良人、八子、七子、長使、少使之分。武帝時，增加了婕妤、娙娥、傛華、充依的封號，各有爵位。孝元皇帝增加昭儀之號，昭顯其儀，以示隆重。昭儀地位如同丞相，爵比諸侯王。自昭儀以下一共列有十四等。婕妤如同上卿，爵比列侯。娙娥享兩千石，比關內侯。傛華享兩千石，美人享兩千石，等等。這些封號多美，婕妤的意思是接幸於皇上的美人，娙娥的意思是貌若天仙的女子，傛華的意思是神采奕奕光豔無比，充依的意思是充入後庭而遵從秩序。

昭君頷首道：「這樣說來，從字義上看，倒是各有千秋，不那麼明顯。」

憐波說道：「就拿閼氏來講吧，聽說最早是焉支山上生長的一種野花，採集花上邊最嫩的瓣，可以做胭脂。匈奴貴婦用這種粉紅的胭脂擦在面頰上輕輕暈開，紅撲撲的很是好看，慢慢就有了指代貴婦一詞的閼氏。閼氏啊，您說，單于的閼氏其實就是紅臉蛋的女人，啊，第一個紅臉蛋的女人，第二個紅臉蛋的女人，第三個紅臉蛋的女人……」

她們憋不住笑成一團。

「憐波啊，紅臉蛋意味著強壯，有什麼不好。你看那些閼氏們個個可以張弓射箭，獵取飛禽走獸。生下的孩子也都雄健如虎。」

憐波瞧著昭君的腹部說：「閼氏啊，您也快生產了吧？」

因為袍子寬大，昭君肚子的隆起並不突出。她回想起自己方才說的話，一下子陷入沉思。這麼多天裏，孩子一直動靜不大，絲毫沒有急於出世的樣子。那些兄長們必定不是這樣。

這時，大閼氏來看望昭君了。她的身後跟著四個匈奴女子，前面兩個手捧衣物，端著食盤。她並非第一次來，也少顧及禮節，徑直走到昭君身旁坐下。那兩位女子放下手中物品，退身出去。大閼氏吩咐另外兩個去找憐波，一個要學習如何製豆豉——在匈奴，豆豉混合鹽後是上好的調料，此外，豉汁與龍骨（也就是動物化石）還可作為藥物使用。一個是因為織機上的一個部件壞了，請求憐波的幫助。

食盤上有一隻鐵鑊，蓋子邊緣不斷擠出蒸騰的白氣。一些佐料散放周圍。大閼氏的手探向蓋子，昭君這才發現這隻手關節特別粗大，腕子厚實，泛著棗光。蓋子揭開後，一股熱氣滾湧而出，特殊的香氣立即撲面而來。鑊內的濃湯還鼓著小小的氣泡，幾塊大肉交錯橫斜，看上去無比醇美。大閼氏說：「這是虎肉，才從焉支山獵得，吃了它，生下的孩子會比老虎還勇猛。」二人滿斟了挏馬酒，第一杯一飲而盡。昭君望見兩朵紅暈升上了大閼氏的雙頰，不禁想到憐波所言，臉上萌生笑意。很快，又想起那句歌謠——失我焉支山，使我婦女無顏色。越過鐵鑊，燈樹映出大閼氏肥胖的影子。

「還是漢家女子好啊！」大閼氏注視著昭君側臉的輪廓，感歎著。「攣鞮氏的血脈裏從此有了大漢的天神，孩子出生，一定要向祖先好好告祭。」

昭君把盞道：「說起姊姊的四個兒子來，個個才是天神的模樣呢。」

大閼氏頓時哈哈大笑。「想來，也真是與漢家有緣。我們呼衍氏位居三姓之首，父王將我們姊妹二人都嫁給單于，哪曾想到還會有一個漢家的妹妹。你知道單于三次入漢之事，卻未必知道我的叔父如今在大漢封侯。叔父是左伊秩訾王，當年輔佐單于。二十二年前，郅支將單于打敗，叔父力駁群臣，勸單于內附漢室，以求援助。安定之後，群臣中有人說他的壞話，說他常常因為這個功勞自誇自驕，不把單于放在眼裏。唉，這個呼韓邪竟然就信了。叔父感到單于在疏遠自己，擔心某一天被殺，就帶著一千多人降了大漢，被封為關內侯，還讓他保持匈奴的王號和印綬。去年，就是呼韓邪向大漢求親時，專程去見叔父，表示愧疚，打算向漢皇請求，讓叔父回匈奴。叔父說自己既然已經降漢，再復歸匈奴，不妥；他願意作為單于的使節在漢留侍，不願還匈奴。唉，單于回來後悶悶不樂，好幾天不怎麼吃東西，然後帶上僕從出去打獵。那一次被暴虎撲傷，雖無大礙，也是頗為鬱悶。要知道單于多年征獵，被野獸襲擊而受傷還是頭一回。貴族中有人就說，左伊秩訾王這隻猛虎傷了單于的心。你知道單于怎麼說？他說，是我不能馭虎啊，如此胸懷，如何能比大漢皇帝呢！」

昭君微笑著說：「如此說來，左伊秩訾王這件事情，倒成了好事。漢匈多了一層關係不說，更讓單于認識了自己的弱處，得以糾正。人無完人，特別在內憂外患之際，多些考慮也是對的。單于事後的自省發自肺腑，令人敬重。」

大閼氏有了幾分醉意。「啊，單于今年明顯地老了，和他說話，也有了言辭混亂之象。時間呢，就像狼居胥山的奔鹿一樣，比箭鏃還快。」

昭君默然。她覺得他只是多了一些白髮，以及白色的鬍鬚，話語一如以前不多，好像語速慢了下來。她還以為那是一種溫情。

大閼氏身體斜靠在一邊，她揮了揮手，命侍女將食盤撤下，然後隨意地將雙腿伸出去。「妹妹啊，有一次我與顓渠閼氏閒聊，就問她覺得單于更喜歡這六個孩子中的哪一個？她說，雖陶莫皐年齡最長，已經可以獨自去獵狼，射術一流，很是憨實。單于與我都喜歡且莫車，他聰明伶俐，本性良善。單于有一次帶他去射鳥，他卻問鳥群裏哪一個是父母，哪一個是孩子。他說，父母不能殺，殺了，孩子孤單；孩子不能殺，殺了，父母心碎。……」

昭君撫摸著小腹，心想，她這一番話是什麼意思？

三月末，一場薄雪的降臨，讓久坐乏動的昭君有了出去轉轉的念頭。很久不用的安車擦拭一新，換成兩頭犍牛牽引。昭君與侍女乘車，呼韓邪擁了厚厚的錦袍騎馬伴隨。數米開外，一隊寥落的騎兵寂寂跟從。天色灰沉，遠方飽含著雪意，狼居胥山比平素低矮了許多。大地的皺褶將平未平，一道道水窪拉開深褐的色帶，形成谷地的波浪。銅光四射的安車於白雪中浮動著耀斑，騎兵的隊列如彎曲畫著的長線。

已經很久沒有看到如此安靜的雪了。

呼韓邪的視野中莽莽蒼蒼。這裏的雪，幾乎都是狂風席捲著大片的雪花，令人無法睜開眼睛。大多數時候，人們都是圍著火盆抱衾而臥，聽著外面的呼嘯。此時的雪原顯示出溫馴的一面，河水變得無比清晰，岸上泥土的斷層處，草根齊整整地綠了。

「是單于的心變得安靜了。」昭君在車裏仰望著他，說道。

「哦，是嗎？」呼韓邪若有所思。「看來，英雄到了遲暮。」

昭君擺著手說：「單于應該是覺出了時間的緩慢，正如拍子變了，舞蹈就會相應地發生變化。也好似馬匹，既有奔突之美，也有款然踱步之美。」

她返身對憐波說：「這輛安車自從隨了我，倒是和雪天結下了緣份。」

她又回過頭道：「單于，我在宣室殿第一次見您，便是雪天。」

「哦，是一個下雪天，我記得你的面衣。」呼韓邪回憶著說。

昭君伸出左手，握住他的右手。

「長安好啊，單于那一次不是在長安住了一個多月嗎，晚上還有御賜的宴席，還有歌舞。」

「哦，我們，韓昌、張猛，一起喝酒，一直喝到天亮。」

安車沿著河水的路線前行。河水左盤右繞，打著十數個仄彎向遠方抖開，清亮的反光此起彼伏，灰白色的穹廬星星點點，羊群為雪原大面積地增加著厚度。

他們遇到了幾個忙碌的百姓，河灣的一處高丘上堆滿了農具。行禮完畢，昭君問大家是否在準備耕種。有人回答說，是的，農具要修一修。昭君下車看去，盡是鐵臿、木臿、齒檖之類。憐波拿起一把木臿，指著上面的鐵鏨講，在她老家廣漢郡，這樣一個鏨首前面的凹形邊緣，都會加一圈舌頭一樣的突刃，剷起土來更便捷。她蹲下去，用手指在雪地上畫出一個樣式。接著，她挪了一個地方，又畫出一個物件，看上去像脫下來的長靴，靴腰歪在一邊。憐波說：「這一種叫犁壁，可以兩側同時翻土。」大家俯下身來，圍著這兩個圖仔細看。

昭君說：「耕種不比放牧，偷閒不得。待雪稍化，趁溼好鬆土。」

返回的路上，昭君瞧見第五閼氏領著八歲的兒子輿在騎一隻小羊。輿的體重壓得小羊快要喘不過氣來。第五閼氏看到馬背上的單于，拉著輿慌忙行禮。與昭君彼此見過禮後，她的視線一直停留在安車上。

「一年多沒見這輛車子了，還是剛來時的模樣。」

她的目光疾速投到昭君腹部。

「啊，寧胡閼氏要生小弟弟了，輿，快來看呢。」

牛尾處冒出一個胖胖的腦袋。「我要和他摔角！」輿說。

四月的一個夜晚，穹廬裏光明大放，地灶上的羊肉在大釜裏咕嘟翻滾，空氣裏漫溢著暖暖的膻味。為了準備五月大會中攣鞮氏祀漢帝以及家祭事宜，呼韓邪單于召集幾乎所有的閼氏聚坐一起。酒酣意濃時，有人前來報告了一個不幸的消息：

右將軍長史姚尹一行辭別匈奴後，離開邊境，過了長城，快到北地郡時，夜裏突然颳起風暴，引著了大火，將姚尹等七人燒死。

呼韓邪懍然一驚。顓渠閼氏便問來人：「知不知道漢室有什麼反應？」來人喏喏，表示尚且不知。呼韓邪揮手令他退下。

昭君一直強忍著腹痛，侍女為她搬了一個馬鞍，上面鋪墊了綿被，倚在她腰背之後。怎麼會發生這種事情？她想起姚尹謙恭溫和的樣子，彷彿才剛剛談笑風生地告辭而去。這時，她聽到呼韓邪說：「漢使遇難，應即刻上書漢皇，將漢使在匈奴的一切往來情形詳加說明，並致哀悼。」然後顓渠閼氏問道：「單于派騎護送漢使出境怎麼說？」呼韓邪卻未遲疑：「說護送到受降城便返回了，並無其他。」大閼氏應許道：「是這樣了，合理合度。」

呼韓邪的目光尋找著昭君，昭君只是朝他點了點頭。

大閼氏說：「以前漢使有被留置受阻的，如張騫、蘇武；有被冤殺的，如谷吉。像姚尹這樣意外逢難的，似乎還沒有聽到過。」

她轉向昭君。「妹妹，漢室會是一個什麼態度？」

昭君勉強直起身來，將憐波指給大家。「她是定陶太后的人，漢宮的事情比我瞭解。」

憐波行禮後說：「以前漢國偶然會有一些異象出現，比如有星孛於東方，日有蝕，鳳凰甘露降集京師，太上皇廟起火、孝文廟起火，地震，水逆流，人薨，等等，皇帝一般要素服數日，然後祭祀，大赦天下，賜給鰥寡孤獨錢帛，等等。像這一次，體恤追賜少不了的。」

呼韓邪於是說：「我們也準備一些體恤之物，派快馬送到邊塞。」

昭君還是提出了自己的建議。「詳盡修書致漢皇是正確的，並要把匈奴近期休養生息的情況事無鉅細地上報，此外，五月大會上應公開祭奠漢使。漢皇能夠做到的，單于跟著做到最好。」

眾人覺得可行，一時沉默下來。

「飛沙走石的情形各位閼氏都見過，四月風暴倒可真是個奇怪的事。」第五閼氏說。「不久前匈奴風災旱災接踵而至，損失之重，之前可沒有過。聽人說，神巫觀象，指認這一切都是因為寧胡閼氏。」

昭君笑笑，微閉雙目。

「笑話！」顓渠閼氏生氣道，「漢皇下嫁公主，如同美玉投懷，對匈奴而言簡直是天大的福份，怎麼可以由他人播弄！」

第五閼氏撇嘴道：「姊姊勿惱，神巫所言也不是無源之水。之前與漢家交鋒，每每以弱制強，無不憑靠神巫之術。姊姊難道忘了與貳師將軍交戰，捆馬埋咒的功勞了嗎？」

大閼氏反駁道：「那麼，被郅支追趕，幾乎有滅族之虞時，神巫又在哪裏？若非漢室輔助，怎會有今天！」

「漢室？」第五閼氏嘟囔一句，「哪個能逃得掉安排。」

呼韓邪將刀鞘在案上狠狠一拍。「不得妄議漢匈之好！寧胡閼氏是我匈奴求得之寶，誰再胡亂牽扯，殺無赦！」

顓渠閼氏相勸道：「單于莫急，這不是一家子自個兒說說話嗎，哪個又曾當真？」

她招招手，侍女捧著一隻金甌走入。「單于，該服藥了。」

第五閼氏盯著昭君，但是話是說與眾人聽的。「前幾日貴族中有人講，安息一陣子也好，只是安息得久了，就不再想著醒來。無論現在如何，漢匈相剋的命數是變不了的。就拿最近的事情來說吧，黃龍元年正月，單于去朝拜漢皇，十二月漢皇在未央宮駕崩，壽四十三歲；竟寧元年正月，單于又去朝拜漢皇，五月漢皇在未央宮駕崩，壽四十二歲。本來都是天子，如此折煞，又怎麼敵得住這一拜呢？」

幾位閼氏聞言大驚失色，紛紛以目視之。

呼韓邪一時沒回過神。他依稀記得這兩次都與自己有關。猛然，他醒悟過來，一揚手把金甌摔得老遠。

「你，找死！」

顓渠閼氏頃刻撲倒在地。「單于息怒！單于息怒！」

呼韓邪朝帳外高喊道：「來呀，給我剜舌黥面，永不准入！」

幾身鐵甲閃進，直奔向驚慌失措的第五閼氏。

昭君扶著憐波的肩頭，一手托著小腹，緩緩站了起來。「單于且慢，容我說幾句。」

她挪動身軀，來到癱臥於地的第五閼氏身前，慢慢地說道：

「古人說，敬用五事，一曰貌，二曰言，三曰視，四曰聽，五曰思。貌曰恭，言曰從，視曰明，聽曰聰，思曰睿。做任何事一旦脫離道的規範和要求，則寒暑風雨不按時節運行，時間長了就釀成災禍。君王行事，如果儀表態度不恭，表現得怠慢驕橫，則不能認真對待諸事，因為狂妄而沒有常性。上行下效，社會風氣、法令制度都會變得不好，滋生災禍。所謂無常，天災人禍便是。我並不怪你剛才說的那些話，因為那不是你能說出來的。這一段時期的和平，百姓享受了最大利益，我們都知道。有些貴族不滿，也很容易理解。單于苦心，何忍辜負？有的人可以共榮，不可以共辱。有的人可以同利，卻難以齊德。很多事情固然不能強求，但我想大家都知道漢人的一句話，皮之不存，毛將焉附。漢匈未來之大，小腹豈能量之？」

昭君近前向呼韓邪說道：「嬙自幼入宮，與父母遠隔，不能承歡膝下。幸有單于垂憐，又見愛於眾閼氏，宛如家人，感激涕零。念輿尚幼，勿使他像我一樣，還望單于寬待。」

呼韓邪鬚髮微顫著說：「寧胡啊，你就是我無形的皮鞭。」

他厭惡地揮揮手，兩個侍衛夾著第五閼氏丟出了大帳。

顓渠閼氏和大閼氏相互看看，臉上擠出僵硬的笑意。

餘芳

建始二年（前三十一年）夏天，呼韓邪單于一病不起。

「強壯的猛虎啊，就要失去牠的爪牙；暮年的麋鹿啊，從此越不過焉支山。如花的公主啊，你在火焰中舞蹈，就像弓盧水回到源頭，重新把太陽洗亮……」匈奴的行吟歌手在曠野唱道。

王帳內一片暮色，諸王和閼氏們內心無比焦慮。

呼韓邪吩咐將顓渠閼氏喚到身邊，輕輕吐出三個字——且莫車。

昭君聽到了。她明白他的意思，更明白他深深的用心。如今，呼衍王兩個女兒背後的呼衍氏部落是一個強力支撐，何況還有左伊秩訾王這一層關係。欲立且莫車，正是單于看中了他與生俱來的仁愛之心，希望他今後在匈奴推行仁治。

夜晚，王帳裏坐滿了人。昭君從自己所在的方向看去，從左至右依次是左賢王、左谷蠡王、右賢王、右谷蠡王，這種結構匈奴稱其為四角；接下來是左日逐王、右日逐王、左溫禺鞮王、右溫禺鞮王、左漸將王、右漸將王，這種結構匈奴稱其為六角；然後有左右骨都侯、左右尸逐骨都侯以及一些且渠、當戶們。而呼衍氏、蘭氏、須卜氏三大名族，呼衍氏居左，蘭氏、須卜氏向右排開。閼氏這個行列，顓渠閼氏、大閼氏、第三閼氏、第四閼氏、屠耆閼氏，昭君排在第六位，她右邊還有數位閼氏以及其他貴族女性。

匈奴尊左的習俗昭君是清楚的。因為病中的單于指定且莫車繼位，所以此刻最為尊貴的位置是留給他的母親顓渠閼氏的。

帳內不時傳來呼韓邪毫無規律的粗重的呼吸聲。眾人感受到空氣裏有一種莫名的凝重，低泣與哽咽逐漸消失了。

顓渠閼氏平靜地開口：「單于囑咐，要立且莫車，這是對且莫車莫大的信任與恩寵。匈奴內亂十多年，殺伐不絕，多虧了漢室的幫助才重新獲得安定。而今和平剛剛開始，百姓因飽經戰爭之痛而畏懼戰爭，維持安定是大勢所趨。且莫車年紀還小，韜略未成，功勞未具，無法得到百姓的擁護，恐怕再次引發匈奴動盪。」

她把目光投向大閼氏。「我與大閼氏是親姊妹，一家共子，所生恩慈無別，我提議立雕陶莫皋。」

帳內出現小小的騷動。

昭君頗感意外，不禁認真端詳顓渠閼氏的臉。這是一個不一般的女人，她的眼睛裏看不到悲傷，也看不到權力的欲望；她的眸光無比澄澈。

昭君忍不住回憶起第一次拜見大閼氏時，雕陶莫皋站在母親身後，略顯羞怯地望著自己。僅僅長他兩歲的實情，多少也讓昭君內心拘謹。這個虎背熊腰的……孩子……

大閼氏朗聲說道：「且莫車雖然年輕，大家都知道他身上有厚厚的仁德，就像單于。他雖年少，還有在座的諸王大臣們共持國事。雖說是親姊妹一家共子，雕陶莫皋的地位比且莫車低，現在捨貴立賤，後世則有逢亂之虞。姊姊三思。」

顓渠閼氏環視眾人，望見大家多在沉思，便道：「同為單于閼氏，同為兄弟，何來貴賤一說？單于一位，並非貴者必得，而是適合者必得。今時，立雕陶莫皋最為恰當。我意已決，諸位還有什麼想法？」

眾人裏無人發聲。大閼氏喉頭湧了幾湧，最終閉口不言。

顓渠閼氏俯身呼韓邪耳邊。「單于，您都聽到了吧？」

呼韓邪顫巍巍抬起左手，聲音低啞卻無比清晰：「雕——陶——莫——皋——」

昭君懷抱著未滿週歲的孩子伊屠智牙師。在孩子香甜的睡夢中，他的父親長眠不醒。

葬儀結束，整個谷地的人們號哭不散。

這片匈奴的陵墓在狼居胥山與余吾水交匯的一處緩坡上，整體斜向北。安車靜佇坡下。昭君眼裏的墓地就是一大塊鬱鬱蔥蔥的草場，匈奴不墳不樹的習俗，使她看不到那年在勾注塞所見的層層疊疊的墓丘。

沒有眼淚，風使得眼睛乾澀。昭君失神地望著極遠處的一線暮光。

兩年。他僅僅陪伴了我兩年。

時間在這裏無比吝嗇，昭君心亂如麻，從憐波手中接過琵琶。

秋木萋萋，其葉萎黃。
有鳥處山，集於苞桑。
養育毛羽，形容生光。
既得生雲，上游曲房。
離宮絕曠，身體摧藏。

志念抑沉，不得頡頏。
雖得委食，心有徊徨。
我獨伊何，來往變常。
翩翩之燕，遠集西羌。
高山峨峨，河水泱泱。
父兮母兮，道里悠長。
嗚呼哀哉，憂心惻傷。

梨花帶雨的憐波緊緊捂著嘴跑開。

昭君想起前夜，那是呼韓邪異常清醒的時候。他牢牢攥著她的手。

「死生有命，命這麼快就要結束了，連同和你的緣份。我心有不甘啊，因為一切才剛剛開始……才剛剛開始。寧胡啊，我的命也要隨漢皇而去了，他們說得不錯，我的命與漢皇的命連著，漢皇把你許嫁給我，這條命的連接便無法掙脫。只是……我的寧胡啊，我的昭君，還那麼年輕……昔汝來時，雨雪霏霏；今我往矣，楊柳依依……不甘啊……」

昭君只能無言地凝視他。

「眼下，是我這一生最為理想的樣子。只有停止干戈，匈奴才真正像個大國。昭君，不要讓這剛剛開始的一切隨著我的生命一起結束。你，是我最信任的閼氏，你要向我保證，不要讓和平的局面轉眼消失……」

「單于啊！」昭君淚如雨下。「你也帶我走吧，樑柱倒了，房屋就要崩塌，你走了，誰還會仔細傾聽我的聲音？閼氏們還能依靠各自的部落家族，而我，又將去向何方？可憐伊屠智牙師還這麼小，誰又來教他像你那樣騎射？單于在的時候，我還是大漢的公主，是漢皇欽許給你的公主，你一旦遠去，我便成了一個被大漢拋棄的人。就像丹朱，就像趙王張敖被流放房陵那樣，對，流放，我是個自我流放的罪人啊！我沒有照顧好你啊，單于，我有罪！」

「不，不，」呼韓邪掙扎著要坐起身，「昭君，我一個人走了，匈奴還在，你還是百姓之母，你要擔負他們的未來……」

「而我，我要如何擔負，你告訴我啊！單于，我空有兩隻手，空有一雙只能哭泣的眼睛。……你把我帶走吧！」

「不，寧胡，你是大漢的公主，你胸懷匈奴的山川星辰，你牽掛匈奴的男女老幼，你的身後有大漢，有漢皇，有不忘盟約的韓昌和張猛……而且，我的靈魂會庇佑著你……」

昭君將他的手捧到唇邊。「單于，沒有照顧好你，我什麼都不要管了。」

……

昭君開始思念長安，思念南郡。她向漢皇上書乞歸，渴望漢皇憐憫，讓她回歸故里。此刻，呼韓邪撒手人寰，她不知道自己將要遭遇什麼樣的命運。

匈奴的事情，還是讓匈奴人來決定吧。

挾帶著一股秋風，顓渠閼氏邁進昭君孤守的室中。她手裏握著一頂虛折起來的小孩子的鹿皮帽。

「妹妹啊，我來找你喝酒。」

等待漢皇回書的日子異常漫長。這段時間裏，大閼氏來過多次，為的是說服她按照匈奴習俗，再嫁給如今的復株累若鞮單于，也就是她的長子雕陶莫皋。復株累若鞮單于繼位，幾個年齡大一些的兄弟都受了封，且麋胥為左賢王，且莫車為左谷蠡王，囊知牙斯為右賢王。

這個權力過渡期要比意想中的平穩順利，家族部落的實力不容小覷。不管誰的主意，像之前許多單于那樣，復株累若鞮單于把他尚且幼小的兒子右致盧兒王醯諧屠奴侯送到長安，入侍漢室。

幾乎所有的閼氏都覺得，讓寧胡閼氏再嫁是一件非常困難的事情。其中有同情昭君境遇的，包括顓渠閼氏。顓渠閼氏明白漢人的禮法，她深知身處兩難是怎樣一種感覺。

寧胡閼氏給漢皇上書乞歸，並未藏著掖著，這封書信由送單于子入侍的匈奴使節轉呈，所以是公開的消息。可以說，整個匈奴自上而下，都在等著漢皇的態度。

昭君反而覺得，所有人見到自己變得更為客氣。

顓渠閼氏絲毫不見外地四處探看。「妹妹啊，你這裏有什麼好酒？」

雖然是慣飲的挏馬酒，昭君卻難以下嚥。憐波適時端上一盤涼麥筋。

「你也明白我來想說些什麼。」顓渠閼氏坦誠地說。「漢匈和親以來，尚沒有哪位出嫁的公主又被詔歸的。因為這是諾言，是盟誓。而父親死了，兒子可以娶其後母；兄弟死了，其他兄弟可以娶其妻，這是匈奴世世代代流傳下來的習俗。妹妹或許難以理解。匈奴不比中原，生存條件惡劣，周邊多有戰爭，人口繁衍尤為重要。單于有多少個閼氏，與漢皇後宮之眾不能相比，匈奴要的是人口，單于也一樣。女人，尤其是生育能力強的女人，在匈奴是最珍貴的財富。」

她給昭君斟滿一杯酒。「就拿攣鞮氏來說，以近親子弟分封各地，是穩固政權的核心所在。呼衍氏、蘭氏、須卜氏與單于家族世代通婚，姻族在單于的掌控下出任要職，處理事務。這些姻族留居在單于王庭，並無部落及領地。一個可靠的女人，連同她可靠的家族，決定並構成了政權的穩定性。妹妹可曾聽說過地節二年之亂？那一年，壺衍鞮單于去世，他的弟弟左賢王繼位，乃是虛閭權渠單于。虛閭權渠單于並沒有按照習俗將壺衍鞮單于的顓渠閼氏納娶，遭到顓渠閼氏的父親左大且渠的怨恨。在他的設計構陷下，漢皇派出五千騎來討伐，匈奴備受打擊，而後又引發饑荒，百姓、牲畜死亡達十分之六七。這是早些年的事了。再說呼韓邪單于內附漢室之後，異姓貴族的數目逐漸增加，旦夕有戰，這些擁有部族和領地的異姓貴族便會受命率眾參與。如果權力一旦失衡，輕則可能導致有人擁兵自重，觀望進退；重則興兵而起，以奪單于之位，便如五單于之亂。妹妹要知道，匈奴統治，攣鞮氏為核心，根據血緣關係遠近分配權力，在匈奴，只有『單于』和『父』才能控制權力，實施統治。一個閼氏的重要性可想而知。」

昭君理了理思緒。「姊姊所言，莫非強調單于的血統？」

顓渠閼氏滿飲一口。「我有兩個兒子，大閼氏有四個兒子，其他閼氏生下的兒子還有十數之多，你也有一個。他們都是呼韓邪的兒子。這，就是權力，血緣維繫的權力。」

她又意味深長地對昭君說：「你，不是一般的閼氏。」

「妹妹啊，」她站起身來走動著，「父母在，群鳥共巢；父母不在，各奔西東。寧胡閼氏在，漢匈是至親；寧胡閼氏不在，漢匈就會漸漸疏遠，彼此陌生。復株累若鞮單于的身體裏流淌著呼韓邪的鮮血，呼韓邪逝去，他就是又一個呼韓邪，你覺得這只是我們的看法？妹妹啊，我相信，這也是漢皇的看法。」

數日後，匈奴使者自長安返，帶回漢皇劉驁的敕令：寧胡閼氏從胡俗。

嘉樹

河平四年（前二十五年）正月。復株累若鞮單于遠赴長安，朝拜漢皇。兩年前，單于派使節朝獻時，就上書表達了這個心願。漢皇劉驁感到高興，大赦天下。

宴席上，復株累若鞮單于就右皋林王降漢一事感謝漢皇的英明決策。

四年前，復株累若鞮單于派遣右皋林王伊邪莫演等入朝奉獻。事畢，漢使送他到蒲澤，離匈奴居地不遠了，伊邪莫演對漢使說：「我欲降漢，如果不接受，我就自殺。」漢使上報皇帝，劉驁請眾臣商議。很多大臣認為應該像過去一樣，接受伊邪莫演來降。光祿大夫谷永、議郎杜欽堅決反對，他們認為漢室初興之時，匈奴多次侵擾邊境，所以設立金爵之賞以待降者。如今單于屈體稱臣，成為漢室的北方屏障，遣使朝賀，並無貳心，漢室對待匈奴就要和以前不一樣。現在，一方面承享單于的朝貢，一方面又接受匈奴逃亡之臣，是貪小利而失大義。況且目前還不清楚這是否是單于的試探，慎重起見，不宜接受他降漢。果然，再派人去問伊邪莫演，他便說是病中的胡言亂語。伊邪莫演回到匈奴後，復株累若鞮單于並未追究此事，官位如故，只是不再讓他見漢使。

劉驁說：「漢室對匈奴的態度一如既往，就像先帝對待呼韓邪單于，希望單于勿有彷徨憂慮之意。」

按照竟寧元年呼韓邪單于來朝時的厚賜標準，劉驁給了復株累若鞮單于同樣的封賞，並且加賜錦繡繒帛兩萬匹，絮兩萬斤。

劉驁問及寧胡閼氏。復株累若鞮回覆說，一切都好。劉驁說：「朕聽說她給你生了兩個女兒。」復株累若鞮喏喏：「一個六歲，一個快五歲了。」劉驁想起呼韓邪的兒子伊屠智牙師，復株累若鞮說：「已經八歲，封為右日逐王。」劉驁說：「甚好。」

昭君抱著兩個女兒，聽憐波講故事：

古老的大漢國有一種鳥叫鳳凰，牠是百鳥之王，從南方飛到北方，也飛到匈奴。鳳凰很美，羽毛華麗，人們望見牠的樣子，都會生出慚愧之心。當鳳凰舞蹈，那是天帝在歡樂。鳳凰非梧桐不棲，非甘露不飲，食有質，飲有儀，往來於塵寰之外，仁德兼備，牠的出現就是和平的瑞象。

「憐波姊姊，現在還能看到鳳凰嗎？」年長一些的云問道。

「能啊，大漢國始元三年冬十月，鳳凰在東海會集，漢皇派使者在那裏立祠而祭。本始元年五月，鳳凰在膠東會集，足足有一千隻，漢皇高興，大赦天下，賞賜百官，不收租稅。本始四年五月，鳳凰在北海郡的安丘和淳于會集。地節二年夏四月，鳳凰在魯郡會集，群鳥跟著牠們。元康元年三月，鳳凰會集於泰山、陳留，長安城裏的未央宮降下甘露。漢皇便大赦天下，賞賜諸官百姓，特別給那些孝順父母的人獎勵了農田。神爵四年春，鳳凰甘露降集京師，嘉瑞並現，漢皇修建泰一、五帝、后土這些祠廟，來為百姓祈福。因為漢皇做了為百姓祈福的好事，十二月，鳳凰又來了，會集在漢皇喜歡遊玩的上林苑。甘露三年正月，咱們的呼韓邪單于去拜見漢皇，鳳凰會集在新蔡，數萬隻鳥跟隨。漢皇又給了那些孝順父母的、鰥寡孤獨的人很多農田布帛，還免了這一年的租稅。」

「憐波姊姊，為什麼我們現在看不到鳳凰了呢？」小女兒敏問道。

憐波沉吟著。昭君說：「剛才姊姊不是說過了嗎，鳳凰是和平的象徵，大漢國和匈奴都和平了，於是牠們便飛走，因為還有很多爭戰中的國家，烏桓啊，丁令啊，他們也需要和平。所以，鳳凰便去幫助他們了。」

「那，大家都和平了，鳳凰就會回來嗎？」

「一定會的，你們這麼乖，一定會看到鳳凰的。」

「那，憐波姊姊見到過鳳凰嗎？」

「嗯，當然見過。那一年，姊姊陪著你們的母親從大漢國來到咱們匈奴，就看見一隻鳳凰。那隻鳳凰在我們頭頂上飛啊飛啊，像是領著我們往前走。牠越過狼居胥山，掠過余吾水，然後朝著太陽飛去。」

兩個孩子痴痴想像著。

昭君攬著她們。「在我的家鄉，大家為了經常能見到鳳凰，就照著鳳凰的樣子去做許許多多的鳳凰燈。人們從山上採來竹子，用刀剖開，切成一條一條又細又長的竹篾，用好看的五彩繩把它們捆紮成鳳凰的身體，然後用布帛啊絲綢啊包起來，再用各種好看的五彩石粉和成泥，描繪塗染出鳳凰的眼睛、嘴巴、臉和翅膀。鳳凰頭的製作要請最能幹的人來做，因為它做得好不好關係到鳳凰的精神和氣質，是否活靈活現。他們做的鳳凰頭就像真的一樣，一雙大大的翅膀還能扇啊扇啊地飛起來。到了夜晚，就把油碗放到鳳凰肚子裏，把燈點亮。那些勇敢的男孩子和那些美麗的女孩子，把鳳凰燈高高舉起，像鳳凰那樣跳著高貴的舞蹈。遠遠望去，就像真的看到一群一群的鳳凰在會集。」

云和敏對昭君說：「母親，我們也要鳳凰燈。」

「這樣啊，竹子怕冷，只生長在大漢國的南方，狼居胥山上沒有。等你們的父王回來，你們就和他說，讓他下次再去長安，請求漢皇賜給我們一些竹子。」

云點點頭。敏爬上昭君的膝蓋，伸手在她懷裏摸呀摸，最後摸出那塊玉玦。

「孩子們，對，這個便是五彩石。」

云和敏翻來覆去地看，興奮得如同捧著鳳凰頭似的。

「母親母親，五彩石也是只有您的家鄉有嗎？狼居胥山上有沒有？」

「狼居胥山上有很多小鹿。五彩石是我家鄉的特產，除了五彩石，還有其他的美玉，都作為給皇帝的貢品呢。」

昭君一下子想起和氏璧來。

「孩子們，我給你們講一個美玉的故事。在我的家鄉，古時有個人名叫卞和。有一天，他上山砍柴，忽然發現一塊玉璞。他認為這是寶貝，就將它獻給厲王。厲王讓王宮裏的玉匠看，玉匠粗粗看了一眼，說只是一塊普通的石頭。厲王認為卞和欺騙自己，於是下令砍去了他的左腳。武王即位後，卞和再次懷抱玉璞去獻給武王。玉匠仍然說只是一塊石頭。武王很生氣，下令砍去了他的右腳。後來文王即位，卞和抱著這塊美玉坐在山下哭了三天三夜。文王聽說了，就派人問卞和為什麼哭成這樣。卞和抽泣著說，我不是為我被砍去的雙腳哭啊，我是為一塊寶玉被當作石頭而哭啊。文王命人剖開玉璞，發現真是舉世罕見的寶玉，就將它命名為『和氏璧』。」

昭君講完，姊妹倆都沉默不語。

片刻之後，響起敏的聲音：「這個卞和好可憐，明明說的是真話被人當成假話，該有多傷心。」

云沉思道：「今後我要廢除一切砍人的刑罰。」

昭君說：「判斷一個人是說真話還是說假話，說好話還是說壞話，一件事情是對還是錯，是不是應該認真地去查看、去瞭解呢？」

「嗯，母親，等父王回來，我要告訴他，不要輕易不相信那些說真話的人。」云說道。

「我也要告訴父王，石頭裏面有美玉，一定要相信這是個奇蹟。」敏垂手肅立，朗聲道。

這一天午後，天色略陰。昭君在為兩個孩子講老萊子的故事。

這時，門外有人傳報，說大漢國有人來看望寧胡閼氏。昭君感到納悶，她示意憐波把兩個孩子帶回內室。

侍衛引入一個人，因為距離較遠，昭君看不清來人面目。只見此人裹在一團皮袍內，上面的羊毛汙濁不堪。

「閼氏不記得我了，我是毛延壽。」

昭君驚啊一聲，不禁站了起來。

「毛……延壽！畫師怎會在這裏？」

毛延壽脫去皮袍，躬身行禮。昭君望去，似乎他還是長安時候的那個樣子，瘦小、清臞，只是蒼老多了，眉毛上不知是冰霜還是什麼。

毛延壽坐下，憐波為他端來羊乳。

「閼氏這裏可有方便的飯食？」

昭君點頭。憐波出去不久，有匈奴女子捧上一盤羊腿，以及奶酪胡餅之類。昭君問他可否喝酒，毛延壽點頭。昭君說：「我這裏只有挏馬酒，畫師恐怕會覺得淡。」毛延壽說：「已經很好了。」

他一定是很多天沒有好好吃過東西了，昭君聽著他的咀嚼聲在想。

「長安與閼氏別後，不覺快十年了。延壽觀閼氏氣色，竟然猶如昨日。匈奴之苦，延壽這一路也算知曉了。」

邊吃邊聊中，毛延壽為昭君講了自己這一路的艱辛。自昭君辭都北去，毛延壽就離開了長安。一方面是恐懼皇帝追責，更主要是他內心出現了前所未有的迷惘。渭水橋下徘徊幾日後，他決定回月氏之地。從天水郡到金城郡，再到出生地張掖，毛延壽在張掖待了將近兩年時間。

「怎敢再畫像，為塞軍作文書，寫寫記記，整理簡牘而已。」

後來，他偶然聽到呼韓邪單于去世的消息，便想著往匈奴行。

「那些時日，我反覆問自己一個問題——待詔怎會有請辭的想法？」

然而一場大雪令他迷失了方向。繞山轉水，千辛萬苦，卻走到了西海。心力交瘁，毛延壽差一點就死在了那裏。萬幸被羌人救起，從此在羌地落腳，與一個長他六歲的孤寡羌婦生活在一起。一年前，羌婦病故，毛延壽隨一支商隊踏過沙漠，從休屠澤方向進入匈奴。直到今天。

毛延壽從腰間的裘襪橐中，掏出一卷褐黃色的麻布。打開之後，裏面是一卷隱約有墨跡的白綢。他把白綢通過憐波轉到昭君手中。

「畫師，莫非……這是那幅你為我畫的像？」

毛延壽永遠不會告訴昭君自己為畫像點上黑痣的事。「閼氏，那幅像是畫在桐木板上的，留於掖庭。這一幅臨在絲綢上，現在可以交由您了。」

昭君看到白綢略微泛黃，各處有些經緯的開裂和汙損。「畫師從長安出來，便一直帶在身邊嗎？」

「在羌地被當作蠶神娘娘張掛了幾年。」

憐波忍不住噗哧一笑。

昭君入神地端詳自己年輕時的模樣。「畫師的線條真是好功夫，這樣勾畫著，倒顯得我的皮膚薄得很。」

「所以閼氏才會被先帝選中。」毛延壽不由得輕輕發出歎息。

「閼氏，您有沒有……希望……被畫得很醜？」

昭君沒有說話。

室內長時間地寂靜。

他用袖口抹了抹嘴，一邊往裘襪橐內塞了吃剩下的胡餅。

「閼氏，延壽告辭了，祝您多福長壽！」

他向外走去，忽然想起什麼似的匆匆折身返回，從袍中摸出一個東西，放到案上。

「無他，給待詔捎了一顆橘子。」

這樣一顆橘子已經乾癟黝黑，硬如彈丸。昭君眼眶頓時潮潤。

天色暗了下來。毛延壽大步向前，頂著風的阻力。他的心徹底安放。這是最後的去處，這件事就此了結，不再有虧欠。遠方狼居胥山的影子異常清晰，河水銀灰色的光在朵朵穹廬之間往返輝映，草原平整鋪開，溫柔地起伏。他抬起擅長揮動畫筆的右手，搭上眉骨，放眼眺望。

從此便做寧胡閼氏的一個子民吧！

遙遠的背後響起了琵琶聲。

后皇嘉樹，橘徠服兮。受命不遷，生南國兮。
深固難徙，更壹志兮。綠葉素榮，紛其可喜兮。
曾枝剡棘，圓果摶兮。青黃雜糅，文章爛兮。
精色內白，類可任兮。紛緼宜脩，姱而不醜兮。
嗟爾幼志，有以異兮。獨立不遷，豈不可喜兮？
深固難徙，廓其無求兮。蘇世獨立，橫而不流兮。

閉心自慎，終不失過兮。秉德無私，參天地兮。
願歲並謝，與長友兮。淑離不淫，梗其有理兮。
年歲雖少，可師長兮。行比伯夷，置以為像兮。

一行熱淚從毛延壽的眼角流下。這時，大地出現了震動，一波一波地湧到他腳下。模糊的視野中好像出現了煙塵，又彷彿成千上萬匹馬朝著這裏奔來。很快，如風疾馳的馬群包裹了他，湮沒了他。

「驚馬了！驚馬了！」

早早有人揮舞著雙臂，大聲高喊。可惜，他從未聽懂過匈奴語。

青鳥

成帝鴻嘉元年（前二十年）。這一年，復株累若鞮單于雕陶莫皋去世。弟弟且麋胥繼位，被稱為搜諧若鞮單于；顓渠閼氏生的長子且莫車為左賢王。

昭君開始了寡居生活。

成帝八年後，搜諧若鞮單于打算赴長安朝賀歲首，還未入塞便病死途中。且莫車繼位，稱為車牙若鞮單于；弟弟囊知牙斯為左賢王。

綏和元年（前八年）冬天，車牙若鞮單于去世。囊知牙斯繼位，稱為烏珠留若鞮單于；大閼氏生的第四子樂為左賢王，第五閼氏的兒子輿為右賢王。匈奴謂孝曰「若鞮」。自呼韓邪與漢和親，看到漢室謚皇帝號為「孝」，心中嚮往，故之後繼位單于皆為「若鞮」。

單于權力頻繁更迭之間，轉眼昭君在匈奴已生活了二十餘年。

烏珠留若鞮單于執政，漢室派遣中郎將夏侯藩、副校尉韓容出使匈奴。當時有人對皇帝的舅舅大司馬驃騎將軍王根說：「匈奴有一塊伸入漢境的絕地，有張掖郡那麼大，生長有奇特木材，可做上好的箭桿。如果能向匈奴要來，國土增大，將軍也有顯功。」王根上報皇帝，劉驁於是吩咐夏侯藩向匈奴單于求取該地。夏侯藩到了匈奴，對烏珠留若鞮單于說：「匈奴有一塊伸入漢境像張掖郡那麼大的土地，大漢三都尉居守塞上，士卒數百人寒苦不堪。我覺得單于宜上書將這塊地獻給漢室，直接讓予，可以節省大漢兩都尉士卒數百人，如此單于也可報皇帝厚恩。漢得此地，必定厚賞單于。」烏珠留若鞮單于問他：「這是皇帝的詔旨呢，還是使者的意思？」夏侯藩回答說：「自然是皇帝的詔旨，不過我也是為單于考慮而作此謀劃。」單于便說：「孝宣皇帝、孝元皇帝哀憐我父呼韓邪單于，約定長城以北的地方屬於匈奴。使者提到的那塊絕地是溫偶王的居地，我不瞭解其地形和物產，請容我派遣使者去問問他吧。」夏侯藩、韓容回去不久，再次出使匈奴，又明確提出要這一塊土地。單于不容置疑地說：「從呼韓邪單于開始，我們父子兄弟傳位已五世，漢室此前不求此地，到了我做單于時偏偏來求，為什麼？我已經問過溫偶王，匈奴西邊諸侯製作穹廬及車具，全靠此山木材，而且先父留下來的土地，不敢有失。」

雖然毫不客氣地拒絕了漢使，囊知牙斯心裏多少有些惴惴不安。見到母親顓渠閼氏後，他把自己的一些顧慮講了講。顓渠閼氏很生氣，雄鷹剛剛舉翅，就有人想拿弓箭瞄準。她對兒子說：「你如今是單于，要做好各種準備來應對，至少溫偶王那邊要他提高警惕，以免漢軍突襲。」

顓渠閼氏反覆思考後，決定和寧胡閼氏談一談。她直截了當地對昭君說：「妹妹，你給漢皇上書問問，是不是忘了諾水東山的盟誓？」

昭君思索一番，說：「首先要瞭解這塊地的功用，不僅僅在表面的物產，更在於潛藏著的要害，不然漢使為什麼會指定要這塊地呢？其次，要仔細捕捉各種訊息，那些異常的動靜要提前察知。第三，要判斷如今的形勢，近來單于更迭頻繁，力量暫不如前，這便是漢室此時索地的根源。第四，要瞭解如今匈奴的實力，攣鞮氏的忠誠和內部團結無須懷疑，諸多部落、貴族是如何打算的，目前並不清楚。如果在這塊地上毫不讓步，的確可以大大提高單于的威望和凝聚力。第五，姊姊也知道，權衡最難，拚的是魄力和智力，也拚的是運氣。不過，掌握了前四條，權衡自然會容易得多。在我看來，土地之事，漢室視為社稷之重，由漢使來提出，那麼應該也是漢使擔負，事實上，這豈是一個小小使節所能擔負的？」

「對啊，對啊！」顓渠閼氏明白過來。「漢使在代人傳話，那個背後的人不敢自己站出來說。」

昭君道：「不敢站出來，他害怕什麼？」

顓渠閼氏笑了。「妹妹啊，你真是上天給匈奴的寶貝啊！」

接著，昭君慢悠悠地說：「所以，我不能上書，請告單于上書，直接詢問漢使索要土地這件事情，漢皇知不知道？」

夏侯藩回到長安，被遷為太原太守。烏珠留若鞮單于遣使上書追問此事，皇帝劉驁十分尷尬。最後，下詔這樣回覆單于：「夏侯藩擅稱皇帝旨意向單于求地，依法當死，趕上兩次大赦，今將他改任為濟南太守，再不讓他操持匈奴之事。」

索地事件後幾個月，劉驁駕崩，劉欣繼位。

哀帝建平二年（前五年），烏孫國卑援疐率兵侵入匈奴西界，搶奪牛畜，掠殺百姓。烏珠留若鞮單于派左大當戶烏夷泠帶領五千甲騎反擊烏孫，殺掉數百人，掠走千餘人，並且驅趕著大量牛畜離去。卑援疐內心恐懼，便送兒子趨逯到匈奴作人質。烏珠留若鞮單于接受了。漢室派遣中郎將丁野林、副校尉公乘音出使匈奴，口傳詔令，責備單于，讓他將質子趨逯送回烏孫。單于服從了漢皇的旨意。

烏珠留若鞮單于感覺到漢匈之間出現了裂痕。建平四年，他給漢皇上書，表示想第二年來朝拜。正值劉欣患病，有傳言說匈奴從北方南下帶來災禍，從黃龍、竟寧年間開始，單于每次來朝，漢室便會有大喪。劉欣將信將疑，左右為難。一些大臣說，單于來一次，朝廷就要花費許多財物用於賞賜和禮待，這次就別讓他來了。劉欣聽從了這個建議。

匈奴使節尚未辭歸，黃門郎揚雄上書勸阻皇帝勿輕率作出決定。他歷數自秦以來的漢匈之爭，到今天北方徹底安定，這個大好局面來之不易。如今單于上書請求來朝，皇上拒絕，會使漢匈關係產生間隙。單于來朝，雖然有花費，也是必要的。怎麼可以以此拒絕，而使單于心中生恨，與漢室疏遠終至背離呢？劉欣聞言醒悟過來，召回匈奴使者，將報單于書修改，答應了單于的朝拜請求。

烏珠留若鞮單于見到回書，不巧也病了，便再派使者入漢，表示再過一年入朝朝拜。另外，之前呼韓邪單于來朝，帶著各級隨從兩百餘人。這次，烏珠留若鞮單于願意帶著五百隨從入朝，以明天子盛德。劉欣應允了。

雖然這件事情定了下來，但個中波折反覆，沒過多久便傳回了匈奴。一次宴會上，右賢王輿酒後提起當年母親被呼韓邪單于驅逐之辱，叫屈不迭。「難道是母親胡說嗎，就連漢室都流傳，匈奴單于每次來朝，漢室便會有大喪。漢皇為什麼不想想，自家是天子，莫非單于不是天子？天子拜天子，不合禮數嘛，扯什麼詛咒！」

憐波聽聞，轉陳昭君。昭君無言，內心浮上一絲憂慮。

哀帝元壽二年（前一年）正月，烏珠留若鞮單于應約來朝，劉欣將他安排在上林苑蒲陶宮住下，遠離宮城。劉欣對單于說：「因為尊敬單于，所以讓您住在上林。」單于表示感謝。除了如前賞賜，又加賜衣三百七十襲、錦繡繒帛三萬匹、絮三萬斤，最後派中郎將韓況送單于出塞。

巧合的是，這年六月戊午，皇帝劉欣駕崩於未央宮。

劉衎繼位，改元元始。劉衎尚幼，太皇太后臨朝，新都侯王莽當政。

王莽為誇耀太后威德至盛前所未有，便令烏珠留若鞮單于派寧胡閼氏長女須卜居次云入宮陪侍太后。

須卜居次云與丈夫右骨都侯須卜當來向母親辭行。

須卜氏是與單于家族持續聯姻的三大貴族之一，居次是對單于、攣鞮氏諸王之女的尊稱，相當於「公主」。在昭君看來，云有著她年輕時的幾分影子，只是胖一些，皮膚卻是匈奴人少有的白皙。

她看著他們俯展開來的肩背，云，還有嫁到當於家族的敏，都離開了——身邊的親人都離開了——曠野從此與心相隨。

「母親羨慕你，云，還有當。幾十年裏，大漢的景象很少進入我的夢中。有時候，黃昏遲暮，或者陰晦的黎明，一些倒影會令我看到曾經無比熟悉的宮牆。最初，草原上的大風還能將我帶回高高的復道，像寒鴉一樣彷徨其上。關於大漢，能夠記起的，就這麼多了。如今，我的胃口也大不如前，只能吃一些麥食和奶酪。自從大閼氏走了以後，酒也不喜歡喝了。沒有生下你之前，我想著回去，想著漢皇會讓我回到南郡家鄉。那一段日子，說來也奇怪，總能聞到那麼多果子的香味，也不知道是從哪裏飄來的。云，自從你和敏出嫁，我的雙膝一天一天的寒冷，整日呆坐，吃飯也不知呼喚哪個來同吃。不過，這些都慢慢過去了。你們能入長安，真是一件好事。想想命運的安排，真是有趣。

我們就像北歸南下的大雁，你來我往，彼此交錯……」

「母親，我們還會回來的。」云跪在她的膝前，拉著她的手說。「母親來匈奴這麼多年，貴族百姓們都深得您的庇佑，幾十年裏沒有戰爭，沒有人飽受死別之痛，這是匈奴的福報啊！云與當也會像母親一樣。」

昭君久久撫摸著云的臉。

她從頸上摘下五彩玉玦，緩緩掛在云的頸項上。「母親只有這個送你。」

昭君預感到自己此生再也不會見到這個女兒了。

事實如此。王莽當政期間，漢匈關係日益惡化。匈奴單于更迭，雖然須卜居次云和丈夫從中努力，做了很多與漢親善的事，但漢匈之間仍發生了數次衝突。直到後來劉秀即位，才與匈奴重修舊好，匈奴亦派使者來獻。

當然，這一切昭君不會知道。她也永遠不會知道，第五閼氏之子輿做了單于後，為了將單于之位傳給自己的兒子，殺害了她最疼愛的孩子伊屠智牙師。那時，她已經安瞑十年。而她美麗的女兒云，也已去世，從此懸停於故國的天空……

須卜當走出門去。沒過多久，兩個侍女抬進來一隻鳳凰燈。須卜居次云和須卜當脫去外面的漢式襜褕，露出貼身的短袍。二人分持鳳凰的左足右足，相視一笑，扭動著身軀歡跳而起。就像老萊子討父母歡心那樣。

昭君掩面，痛哭失聲。

昭君送別女兒女婿後，又過了些時日，春天早早到來，羔羊一夜遍地。陽光如注。昭君披著暖裘，坐在帳前，遙望狼居胥山。真是個省心的日子啊！她瞇縫起眼睛。

車輪碌碌，被侍女推著的顓渠閼氏由遠及近而來。

「姊姊的腰腿好一些了嗎？」

「不行了，這個年紀，再也好不了了。」

垂暮的顓渠閼氏被一件厚且大的皮袍包裹著，只露著臉。她能活到今天，不得不說是一個奇蹟。七年前，酒後的逞強讓她摔下馬背，昏睡了四五個月。

「妹妹的這駕服輦幫了我的忙，就像我年輕時候的腿。」

全靠憐波。顓渠閼氏醒來後發現腿動不了了。昭君記得憐波將安車拆了，琢磨著改成這樣一具服輦。這具服輦可以讓牛馬拉著走，也可以任人推行。

「妹妹，你的侍女去哪裏了？」

「哦，給那些孩子們講《詩經》，講《禮記》，忙得都顧不上我了。」

「你也算是有福份了，咳咳。」

昭君擺擺手。「那個丫頭倔得很，愈來愈不聽話。」

「不是須卜氏想要她嫁過去嗎？」

「唉，不嫁，就要纏著我一輩子。」

顓渠閼氏示意侍女讓服輦轉變一下方向，因為陽光令她看不見寧胡閼氏。

「妹妹，聽說又去打烏桓國，帶回來很多女人。回頭找一兩個你看得上眼的來服侍。」

「姊姊，不說這些了，我這幾十年盡是操別人的心。」

侍衛引入一個匈奴工匠。工匠手執圓腹如半邊榼的樂器告昭君說：「這是閼氏命修的琵琶，如今修好了。」

這麼久，都快要忘記了。昭君翻來覆去地看著。這還是琵琶嗎？渾不似也。

她的臉上泛起孩子般的笑意。

「妹妹還要彈琵琶嗎？」顓渠閼氏問。

昭君一下子睡著了。明光沐浴著她的臉頰，額頭似乎有香風拂過。她的視野突然開闊，一隻巨大的鳳凰向她飛來，五彩石粉塗染的兩腮一鼓一鼓的，像是在說話。她聽見鳳凰對自己說：「青鳥啊，你是我的青鳥，你是我最好的使者。」接著，她又聽見顓渠閼氏說：「妹妹還要彈琵琶嗎？」她回頭望了一望，輕輕搖動翅膀，整個身子騰空而起。她又聽到似乎是憐波在哭，但遠處燦爛的天際深深吸引著她，令她不顧一切地飛昇向前。「青鳥啊，青鳥，我最殷勤的使者。」鳳凰的聲音空曠高遠，純淨柔美。她那麼迅捷地投向光明，像一枝箭鏃疾射而去，直到成為一個點……

後來，在地圖上，人們稱這個點為青塚。

王昭君生平簡表

前五十七年（漢宣帝五鳳元年）

匈奴內亂，分裂為南、北兩部。漢議者多請乘機攻滅匈奴，御史大夫蕭望之獨持異議。朴赫居世居西干據辰韓故地，建新羅王國。

前五十二年（漢宣帝甘露二年）

王昭君約於此年出生於南郡秭歸（今湖北興山）。

前五十一年（甘露三年）

解憂公主上書要求歸漢。漢帝得信後深為所動，遂下令迎解憂公主歸漢，時年七十。兩年後卒。

前四十九年（黃龍元年）

宣帝卒，太子劉奭即位，是為漢元帝，在位期間，西漢由盛轉衰。

前四十四年（漢元帝初元五年）

凱撒被布魯圖所領導的元老院成員暗殺身亡。根據史學家尤特羅匹斯的說法，當時有六十多人參與這謀殺。

前三十七年（建昭二年）

扶餘王子高朱蒙，南下在卒本川（今遼寧桓仁）建立高句麗王國。

前三十三年（竟寧元年）

元帝卒，太子劉驁即位，是為漢成帝，外戚王氏專權。

前三十年（漢成帝建始三年）

羅馬征服埃及。安東尼與埃及女王克利歐佩托拉先後自殺身亡。

前三十三年（漢元帝竟寧元年）

漢元帝賜王昭君為呼韓邪單于閼氏，和親匈奴。時年約十九歲。

前三十一年（漢成帝建始二年）

呼韓邪單于去世，其子雕陶莫皋繼位，為復株累若鞮單于。依照匈奴習俗，王昭君再嫁復株累若鞮單于。

前二十七年（河平二年）

屋大維受羅馬元老院尊為奧古斯都，是羅馬帝國的開國君主。年僅三十六歲。

前二十五年（河平四年）

復株累若鞮單于來朝。

前二十年（鴻嘉元年）

復株累若鞮單于去世，其弟且麋胥繼位，為搜諧若鞮單于。王昭君開始寡居。

前十八年（鴻嘉三年）

許皇后被趙飛燕所譖，廢黜。成帝專寵趙飛燕，後立為皇后。

高句麗朱蒙的第三個兒子溫祚王在漢江南岸（今韓國河南市）建百濟王國。

前十二年（元延元年）

搜諧若鞮單于去世，其弟且莫車繼位，為車牙若鞮單于。

前八年（綏和元年）

車牙若鞮單于去世，其弟囊知牙斯繼位，為烏珠留若鞮單于。

前七年（綏和二年）

成帝卒，太子劉欣即位，是為漢哀帝。

前一年（漢哀帝元壽二年）

哀帝卒，從弟劉衎即位，是為漢平帝，王莽秉政。

六年（漢孺子嬰居攝元年）

平帝卒。王莽立宣帝玄孫劉嬰為太子，號孺子。王莽稱假皇帝。

八年（漢孺子嬰居攝三年）

十二月，王莽即天子位，國號新，以十二月朔為始建國元年正月朔。

九年（新王莽始建國元年）

廢孺子嬰。推行新制，改官名、爵名、地名；改幣制。

二年（漢平帝元始二年）

王莽命王昭君長女須卜居次云入侍太皇太后。

八年（漢孺子嬰初始元年）

王昭君約於此年去世。

十年（始建國二年）

王莽自居天下共主，威陵四夷，更名匈奴單于為「降奴服于」，高句麗為「下句麗」，四夷稱王者皆為侯。

十三年（始建國五年）

焉耆叛新朝，殺西域都護但欽。此後西域諸國相繼叛離。

十七年（天鳳四年）

綠林軍起事。

二十二年（地皇三年）

赤眉軍起事。

二十三年（漢更始帝更始元年）

立劉玄為皇帝，改元更始。

昆陽大戰，劉秀大敗新莽軍於昆陽（今河南葉縣）。

王莽被長安市民所殺，新朝覆滅。

十八年（新王莽天鳳五年）

王昭君之子伊屠智牙師約於此年被殺。

二十三年（漢更始帝更始元年）

王昭君長女須卜居次云及其子去世。

五十八～七十五年（漢明帝時期）

班固開始編撰《漢書》，卷九、卷九十四記載與王昭君相關事蹟。

二六五～二九〇年（晉武帝時期）

為避司馬昭諱，始將王昭君改稱明君、明妃。

四三二年（南朝宋文帝元嘉九年）

范曄開始編撰《後漢書》，卷六十五、卷八十九記載與王昭君相關事蹟。

一〇八四年（宋神宗元豐七年）

司馬光編纂《資治通鑑》書成。卷二十九、卷三十、卷三十五、卷三十七記載與王昭君及其女相關事蹟。

注：本年表參考翦伯贊〈王昭君家世、年譜及有關書信〉一文。

國家圖書館出版品預行編目 (CIP) 資料

王昭君 / 唐晉著 . -- 第一版 . -- 新北市 : 風格司
藝術創作坊 , 2020.01
面 ;　公分 . -- (嗨 ! 有趣的故事)
ISBN 978-957-8697-68-3(平裝)

1.(漢) 王昭君 2. 傳記

782.821　　108021461

嗨！有趣的故事

王昭君

作　　者：唐　晉
責任編輯：苗　龍

發　　行：知書房出版
出　　版：風格司藝術創作坊
235 新北市中和區連勝街 28 號 1 樓
電　　話：(02) 8245-8890

總 經 銷：紅螞蟻圖書有限公司
台北市內湖區舊宗路二段 121 巷 19 號
電　　話：(02) 2795-3656
傳　　真：(02) 2795-4100
http://www.e-redant.com

版　　次：2020 年 10 月初版　第一版第一刷
訂　　價：180 元

本書如有缺頁、製幀錯誤，請寄回更換
Chinese translation Copyright © 2020 by Knowledge House Press
本書繁體中文版由中華書局授權出版
ALL RIGHTS RESERVED
ISBN　978-957-8697-68-3　　Printed inTaiwan

Hi! Story

Hi! Story

Hi! Story · Hi! Story · Hi! Story

Hi! Story